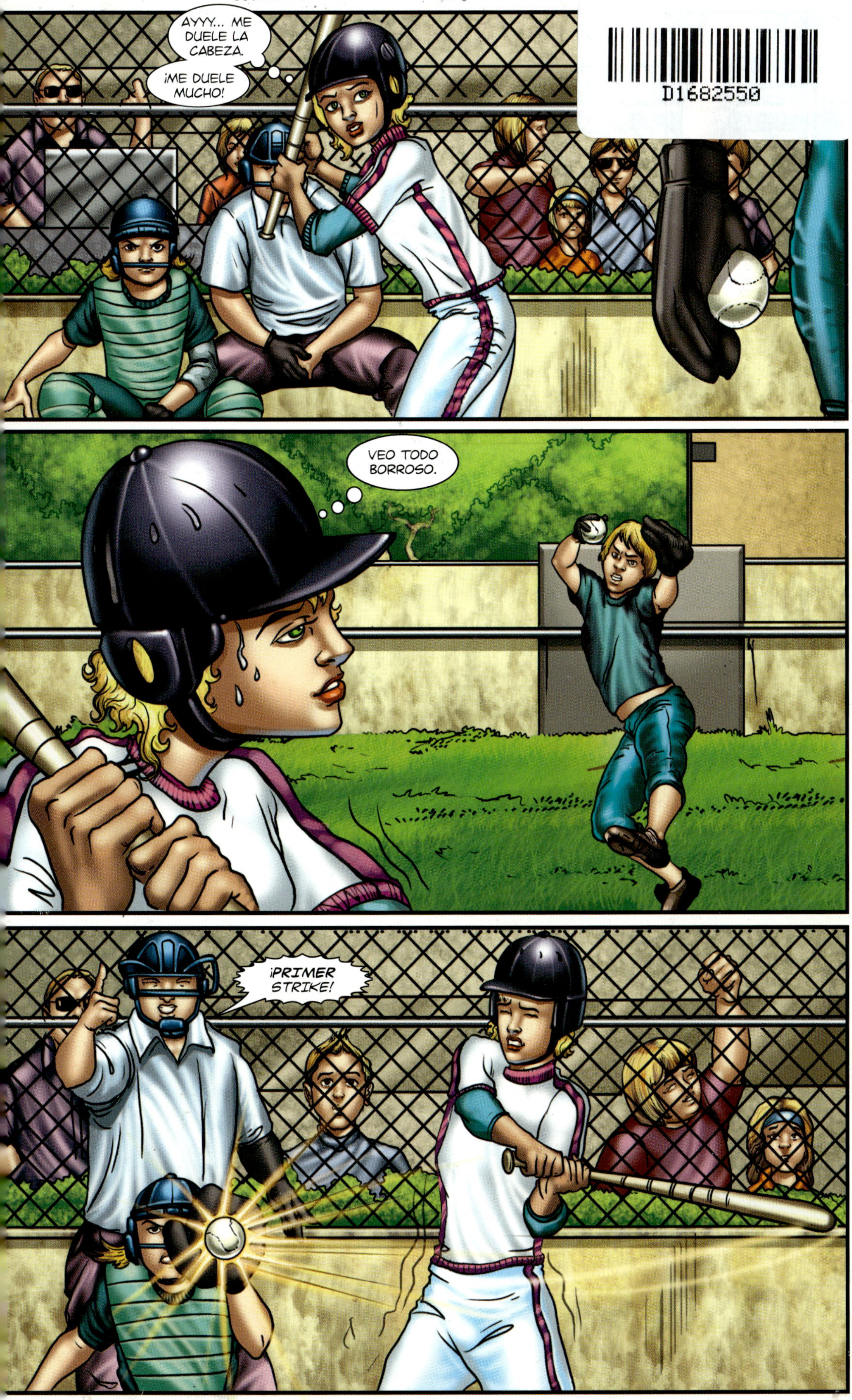
AYYY... ME DUELE LA CABEZA.
¡ME DUELE MUCHO!
VEO TODO BORROSO.
¡PRIMER STRIKE!

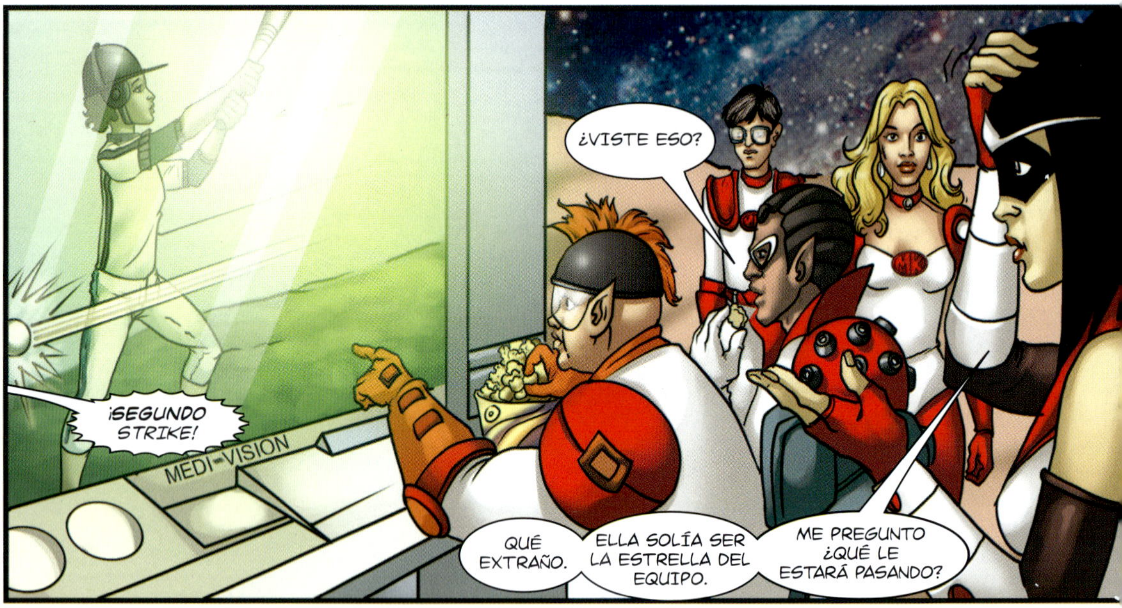
¿VISTE ESO?
¡SEGUNDO STRIKE!
MEDI-VISION
QUÉ EXTRAÑO.
ELLA SOLÍA SER LA ESTRELLA DEL EQUIPO.
ME PREGUNTO ¿QUÉ LE ESTARÁ PASANDO?

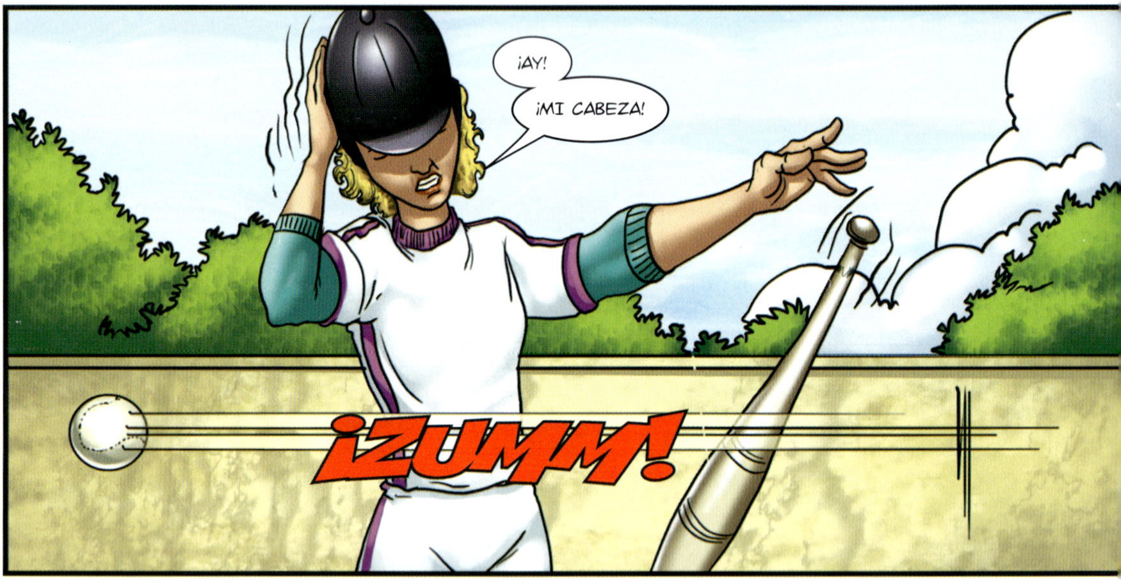
¡AY!
¡MI CABEZA!
¡ZUMM!

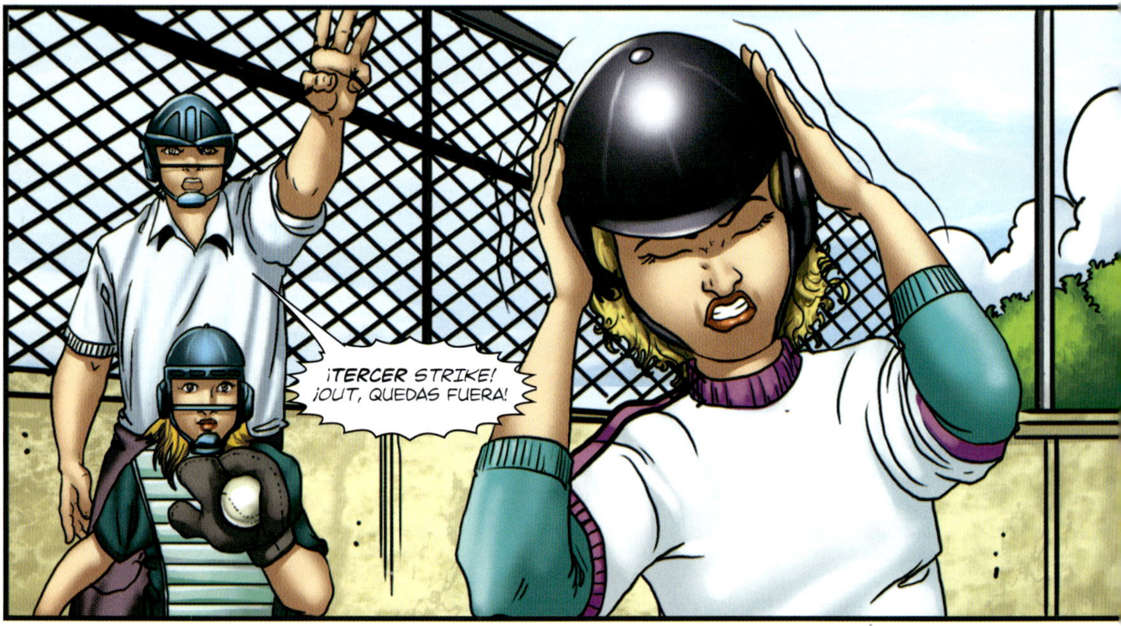
¡TERCER STRIKE! ¡OUT, QUEDAS FUERA!

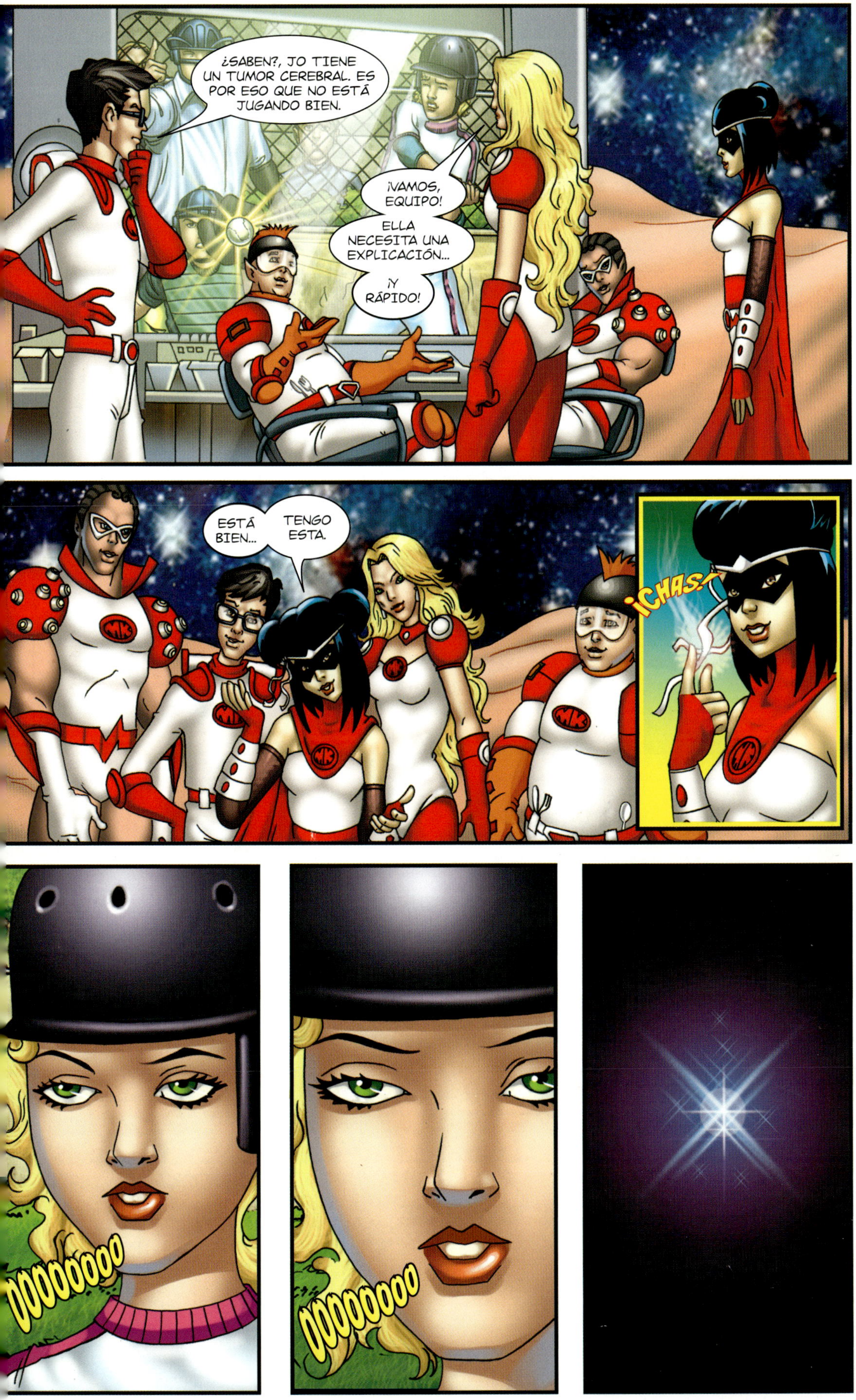
¿SABEN?, JO TIENE UN TUMOR CEREBRAL. ES POR ESO QUE NO ESTÁ JUGANDO BIEN.
¡VAMOS, EQUIPO!
ELLA NECESITA UNA EXPLICACIÓN...
¡Y RÁPIDO!
ESTÁ BIEN...
TENGO ESTA.
¡CHAS!
OOOOOOOO
OOOOOOOO

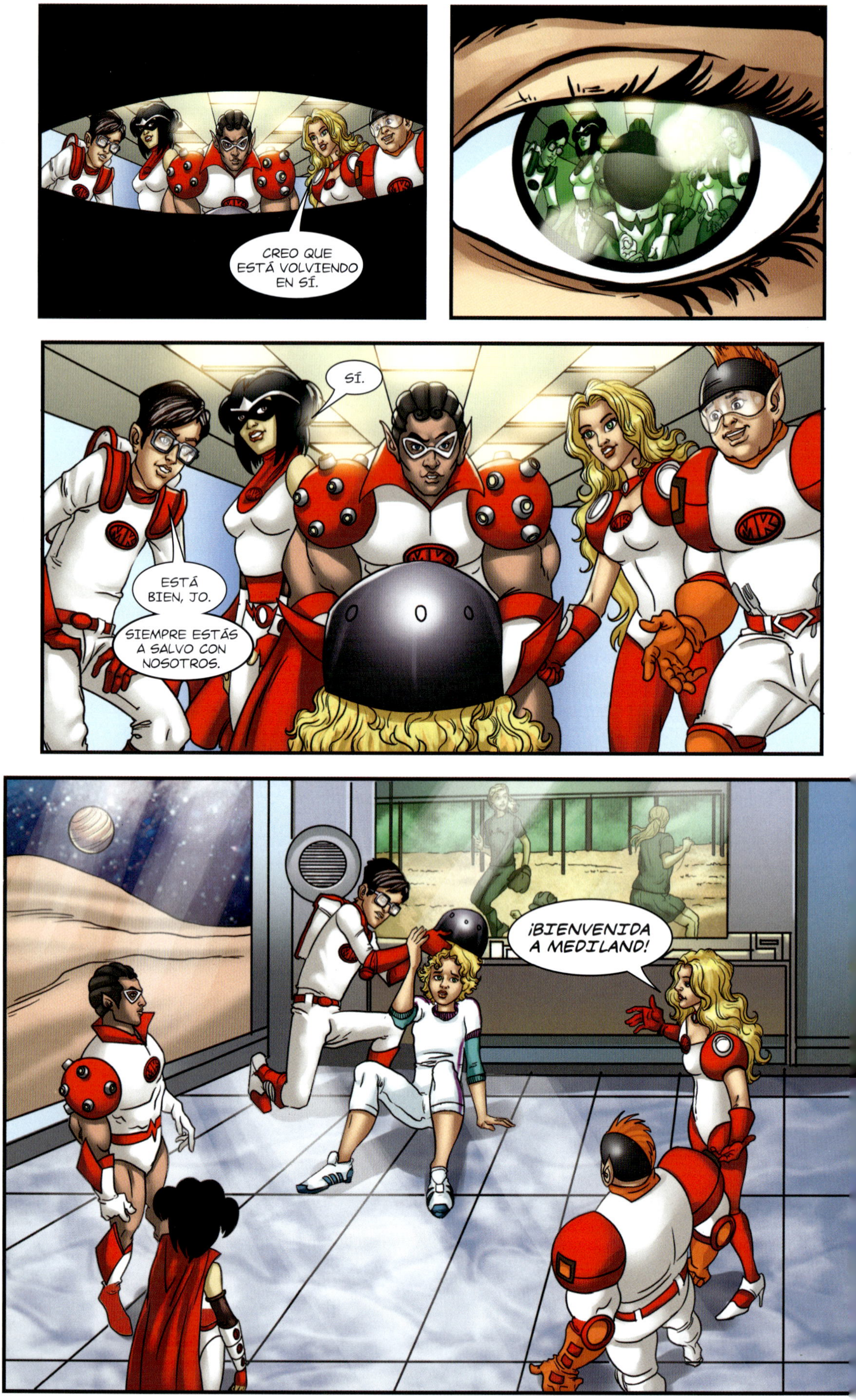
CREO QUE ESTÁ VOLVIENDO EN SÍ.
SÍ.
ESTÁ BIEN, JO.
SIEMPRE ESTÁS A SALVO CON NOSOTROS.
¡BIENVENIDA A MEDILAND!

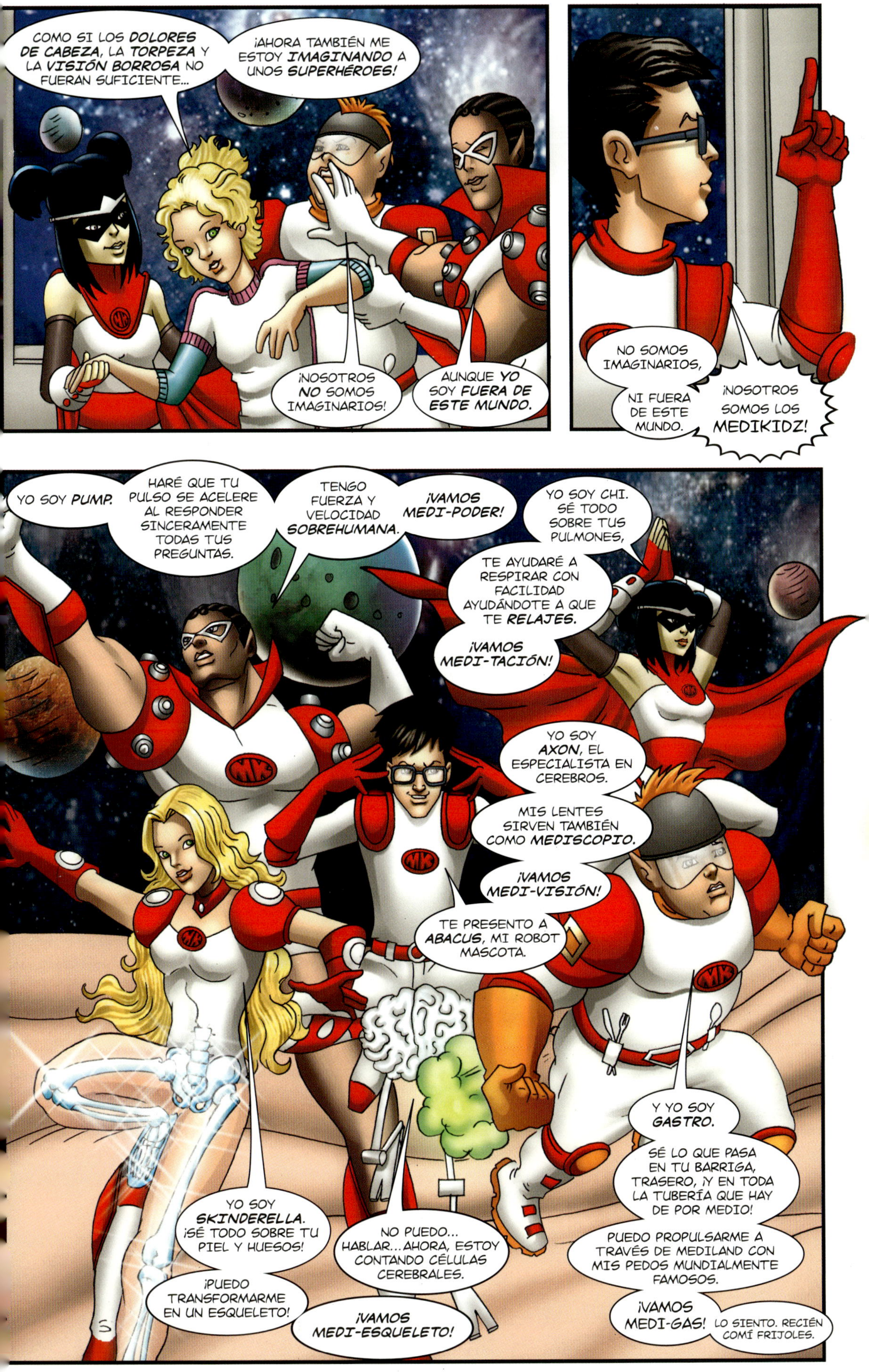
COMO SI LOS **DOLORES DE CABEZA**, LA **TORPEZA** Y LA **VISIÓN BORROSA** NO FUERAN SUFICIENTE...
¡AHORA TAMBIÉN ME ESTOY **IMAGINANDO** A UNOS **SUPERHÉROES!**
¡NOSOTROS **NO** SOMOS IMAGINARIOS!
AUNQUE **YO** SOY **FUERA DE ESTE MUNDO.**
NO SOMOS IMAGINARIOS,
NI FUERA DE ESTE MUNDO.
¡NOSOTROS SOMOS LOS MEDIKIDZ!
YO SOY **PUMP.**
HARÉ QUE TU PULSO SE ACELERE AL RESPONDER SINCERAMENTE TODAS TUS PREGUNTAS.
TENGO FUERZA Y VELOCIDAD **SOBREHUMANA.**
¡VAMOS MEDI-PODER!
YO SOY CHI. SÉ TODO SOBRE TUS PULMONES,
TE AYUDARÉ A RESPIRAR CON FACILIDAD AYUDÁNDOTE A QUE TE **RELAJES.**
¡VAMOS MEDI-TACIÓN!
YO SOY **AXON**, EL ESPECIALISTA EN CEREBROS.
MIS LENTES SIRVEN TAMBIÉN COMO **MEDISCOPIO.**
¡VAMOS MEDI-VISIÓN!
TE PRESENTO A **ABACUS**, MI ROBOT MASCOTA.
Y YO SOY **GASTRO.**
SÉ LO QUE PASA EN TU BARRIGA, TRASERO, ¡Y EN TODA LA TUBERÍA QUE HAY DE POR MEDIO!
PUEDO PROPULSARME A TRAVÉS DE MEDILAND CON MIS PEDOS MUNDIALMENTE FAMOSOS.
¡VAMOS MEDI-GAS!
LO SIENTO. RECIÉN COMÍ FRIJOLES.
YO SOY **SKINDERELLA.** ¡SÉ TODO SOBRE TU PIEL Y HUESOS!
¡PUEDO TRANSFORMARME EN UN ESQUELETO!
¡VAMOS MEDI-ESQUELETO!
NO PUEDO... HABLAR... AHORA, ESTOY CONTANDO CÉLULAS CEREBRALES.

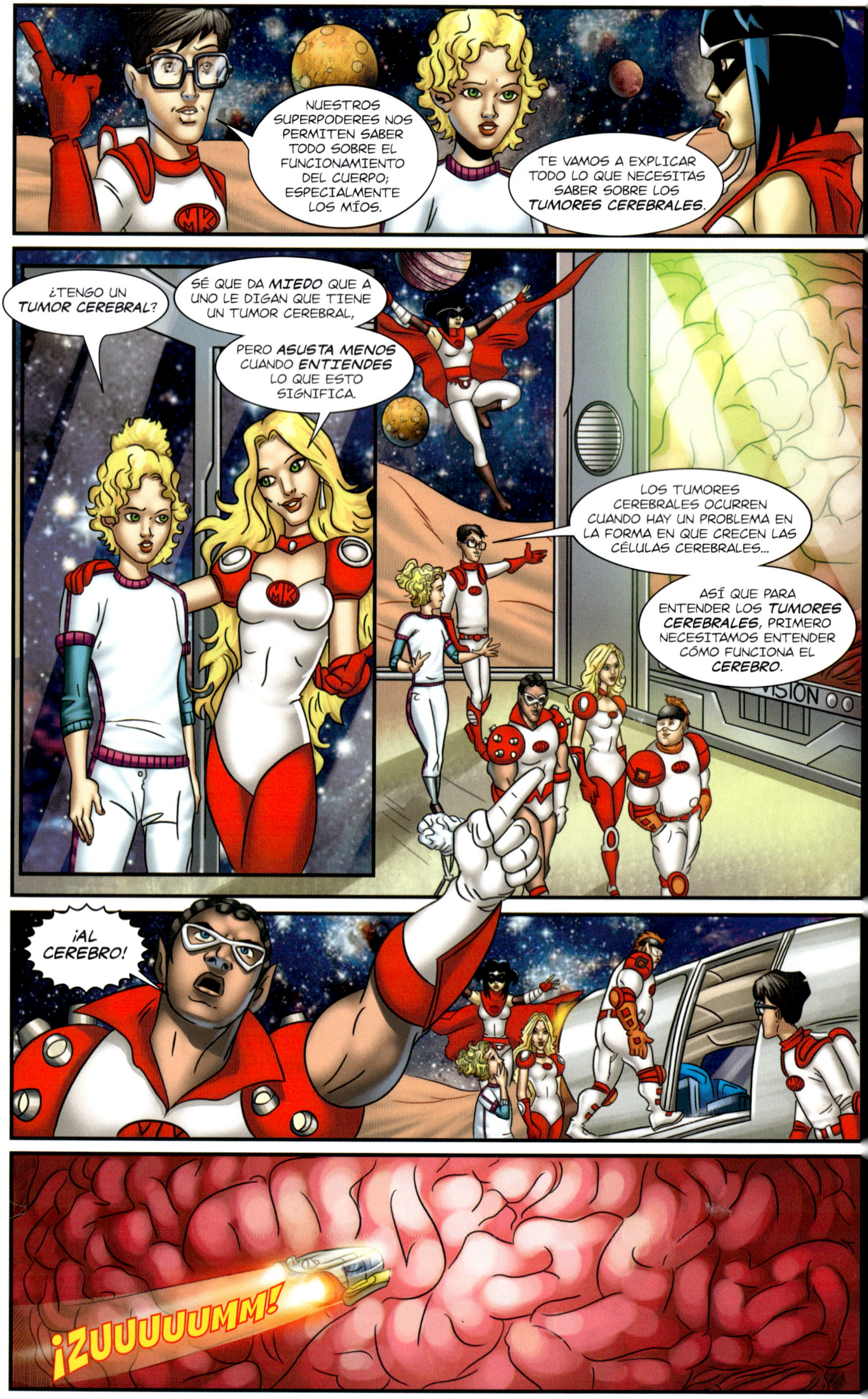
NUESTROS SUPERPODERES NOS PERMITEN SABER TODO SOBRE EL FUNCIONAMIENTO DEL CUERPO; ESPECIALMENTE LOS MÍOS.
TE VAMOS A EXPLICAR TODO LO QUE NECESITAS SABER SOBRE LOS TUMORES CEREBRALES.
¿TENGO UN TUMOR CEREBRAL?
SÉ QUE DA MIEDO QUE A UNO LE DIGAN QUE TIENE UN TUMOR CEREBRAL,
PERO ASUSTA MENOS CUANDO ENTIENDES LO QUE ESTO SIGNIFICA.
LOS TUMORES CEREBRALES OCURREN CUANDO HAY UN PROBLEMA EN LA FORMA EN QUE CRECEN LAS CÉLULAS CEREBRALES...
ASÍ QUE PARA ENTENDER LOS TUMORES CEREBRALES, PRIMERO NECESITAMOS ENTENDER CÓMO FUNCIONA EL CEREBRO.
¡AL CEREBRO!
¡ZUUUUUUMM!

EL ENCÉFALO O CEREBRO ES EL ***CENTRO DE CONTROL*** AQUÍ EN MEDILAND...
AL IGUAL QUE OCURRE EN TU PROPIO CUERPO.
EL CEREBRO ES MUY IMPORTANTE.
Y AL IGUAL QUE CON TU ALMUERZO...
LAS COSAS IMPORTANTES ¡VIENEN EN CAJAS PROTECTORAS!
¡TOOOCC!
PARIETAL
OCCIPITAL
FRONTAL
TEMPORAL
EL ENCÉFALO ESTÁ UBICADO DENTRO DEL ***CRÁNEO.***
EL CRÁNEO ESTÁ HECHO DE HUESO Y ES MUY DURO. ESTA CARCASA DURA PROTEGE AL CEREBRO.

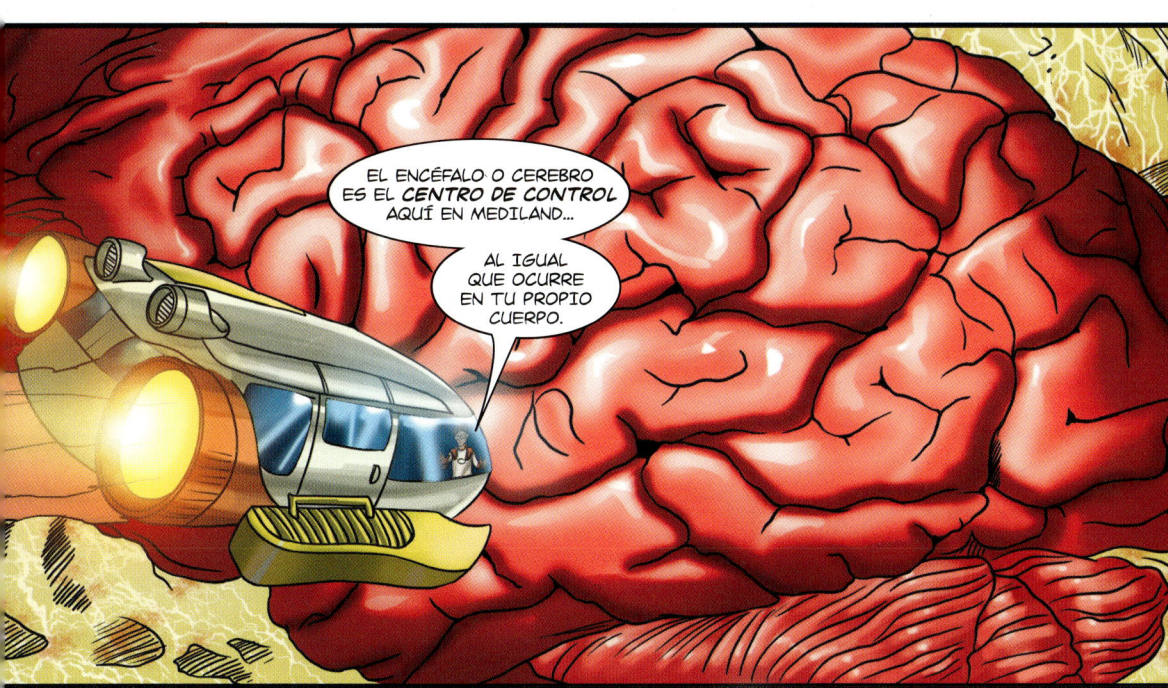

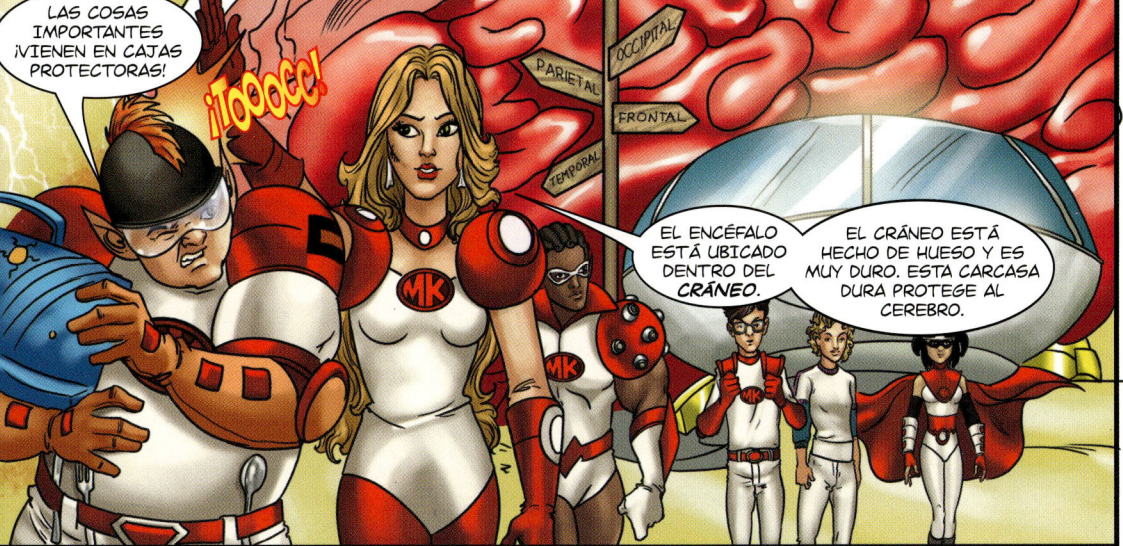

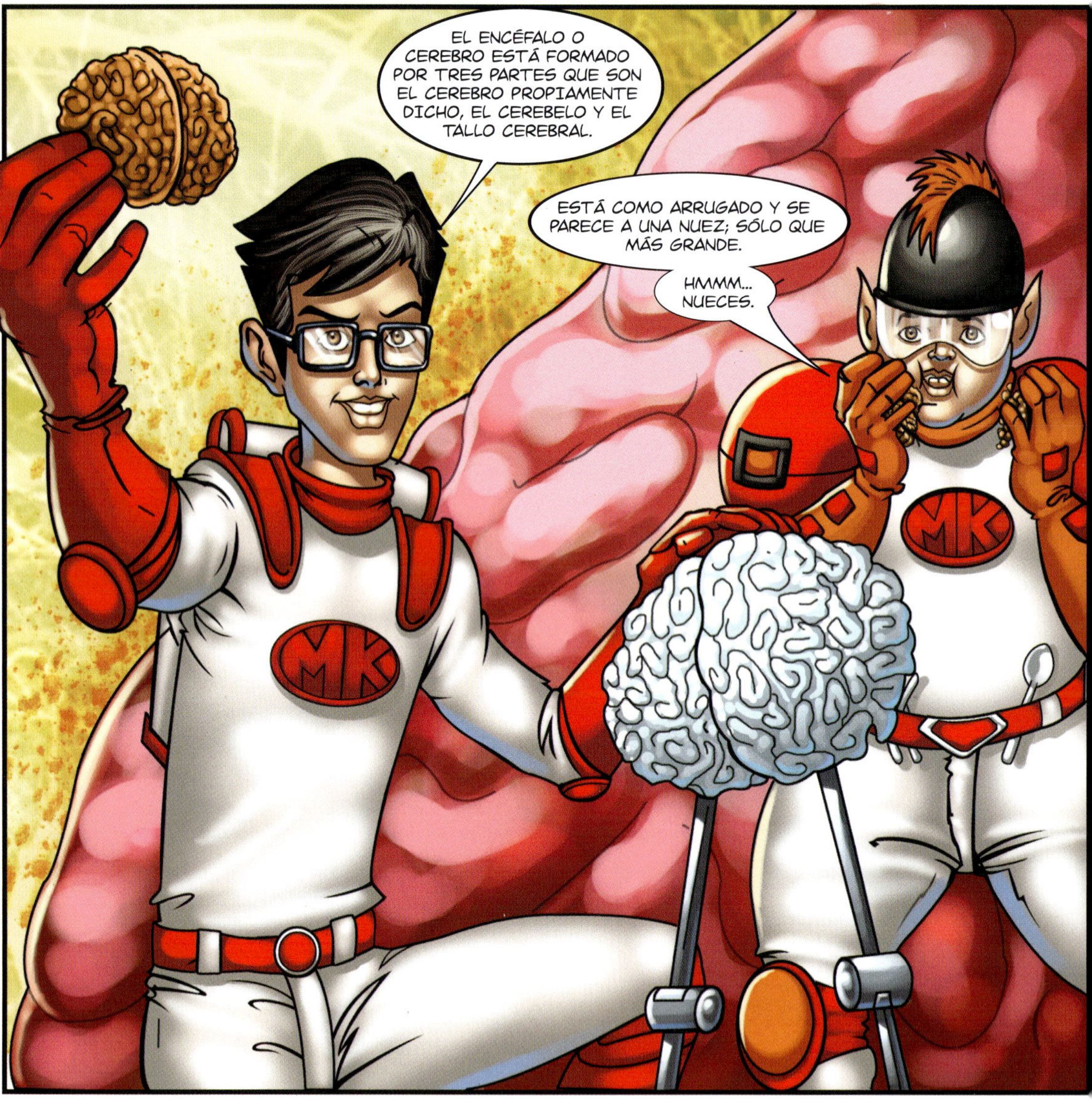
EL ENCÉFALO O CEREBRO ESTÁ FORMADO POR TRES PARTES QUE SON EL CEREBRO PROPIAMENTE DICHO, EL CEREBELO Y EL TALLO CEREBRAL.
ESTÁ COMO ARRUGADO Y SE PARECE A UNA NUEZ; SÓLO QUE MÁS GRANDE.
HMMM... NUECES.

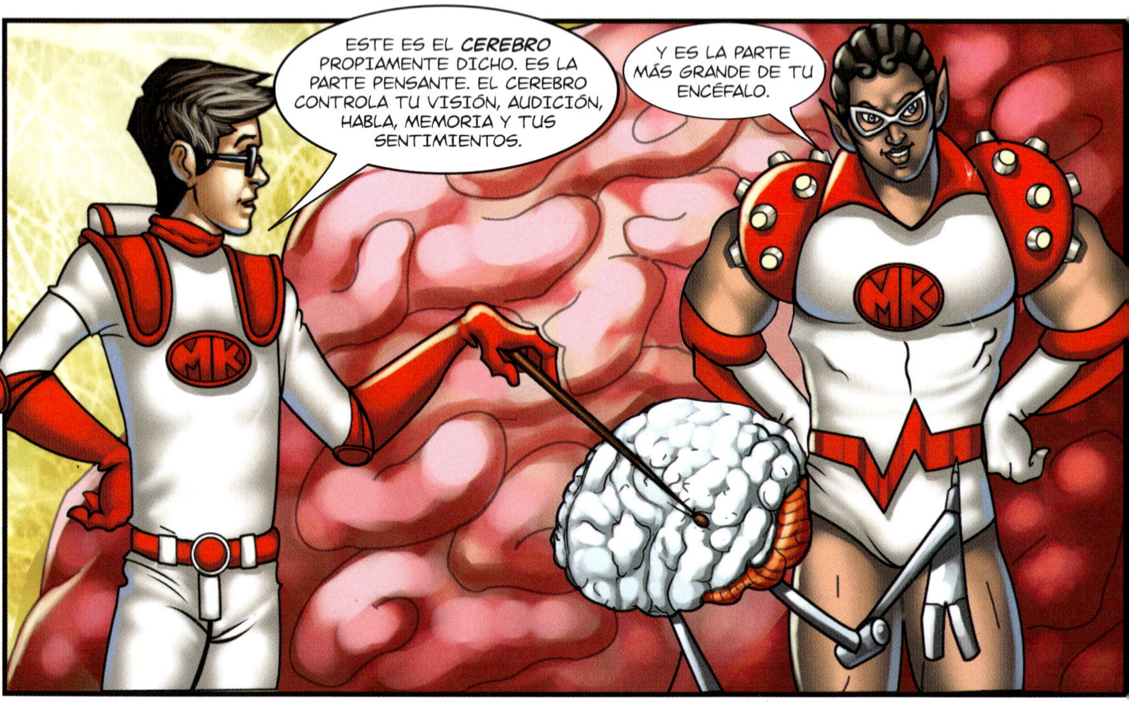
ESTE ES EL ***CEREBRO*** PROPIAMENTE DICHO. ES LA PARTE PENSANTE. EL CEREBRO CONTROLA TU VISIÓN, AUDICIÓN, HABLA, MEMORIA Y TUS SENTIMIENTOS.
Y ES LA PARTE MÁS GRANDE DE TU ENCÉFALO.

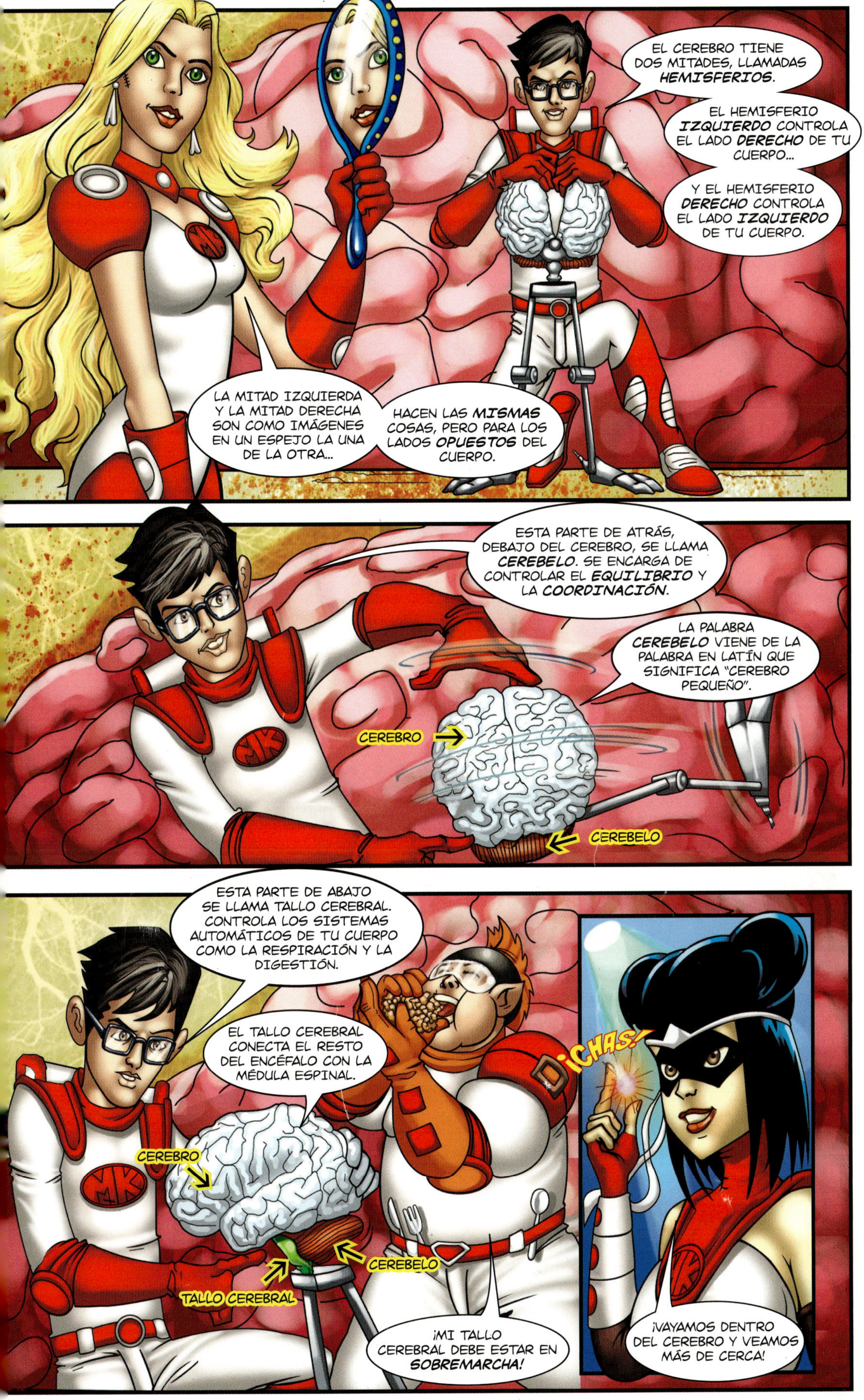
EL CEREBRO TIENE DOS MITADES, LLAMADAS **HEMISFERIOS**.
EL HEMISFERIO **IZQUIERDO** CONTROLA EL LADO **DERECHO** DE TU CUERPO...
Y EL HEMISFERIO **DERECHO** CONTROLA EL LADO **IZQUIERDO** DE TU CUERPO.
LA MITAD IZQUIERDA Y LA MITAD DERECHA SON COMO IMÁGENES EN UN ESPEJO LA UNA DE LA OTRA...
HACEN LAS **MISMAS** COSAS, PERO PARA LOS LADOS **OPUESTOS** DEL CUERPO.
ESTA PARTE DE ATRÁS, DEBAJO DEL CEREBRO, SE LLAMA **CEREBELO**. SE ENCARGA DE CONTROLAR EL **EQUILIBRIO** Y LA **COORDINACIÓN**.
LA PALABRA **CEREBELO** VIENE DE LA PALABRA EN LATÍN QUE SIGNIFICA "CEREBRO PEQUEÑO".
CEREBRO
CEREBELO
ESTA PARTE DE ABAJO SE LLAMA TALLO CEREBRAL. CONTROLA LOS SISTEMAS AUTOMÁTICOS DE TU CUERPO COMO LA RESPIRACIÓN Y LA DIGESTIÓN.
EL TALLO CEREBRAL CONECTA EL RESTO DEL ENCÉFALO CON LA MÉDULA ESPINAL.
CEREBRO
CEREBELO
TALLO CEREBRAL
¡MI TALLO CEREBRAL DEBE ESTAR EN **SOBREMARCHA**!
¡CHAS!
¡VAYAMOS DENTRO DEL CEREBRO Y VEAMOS MÁS DE CERCA!

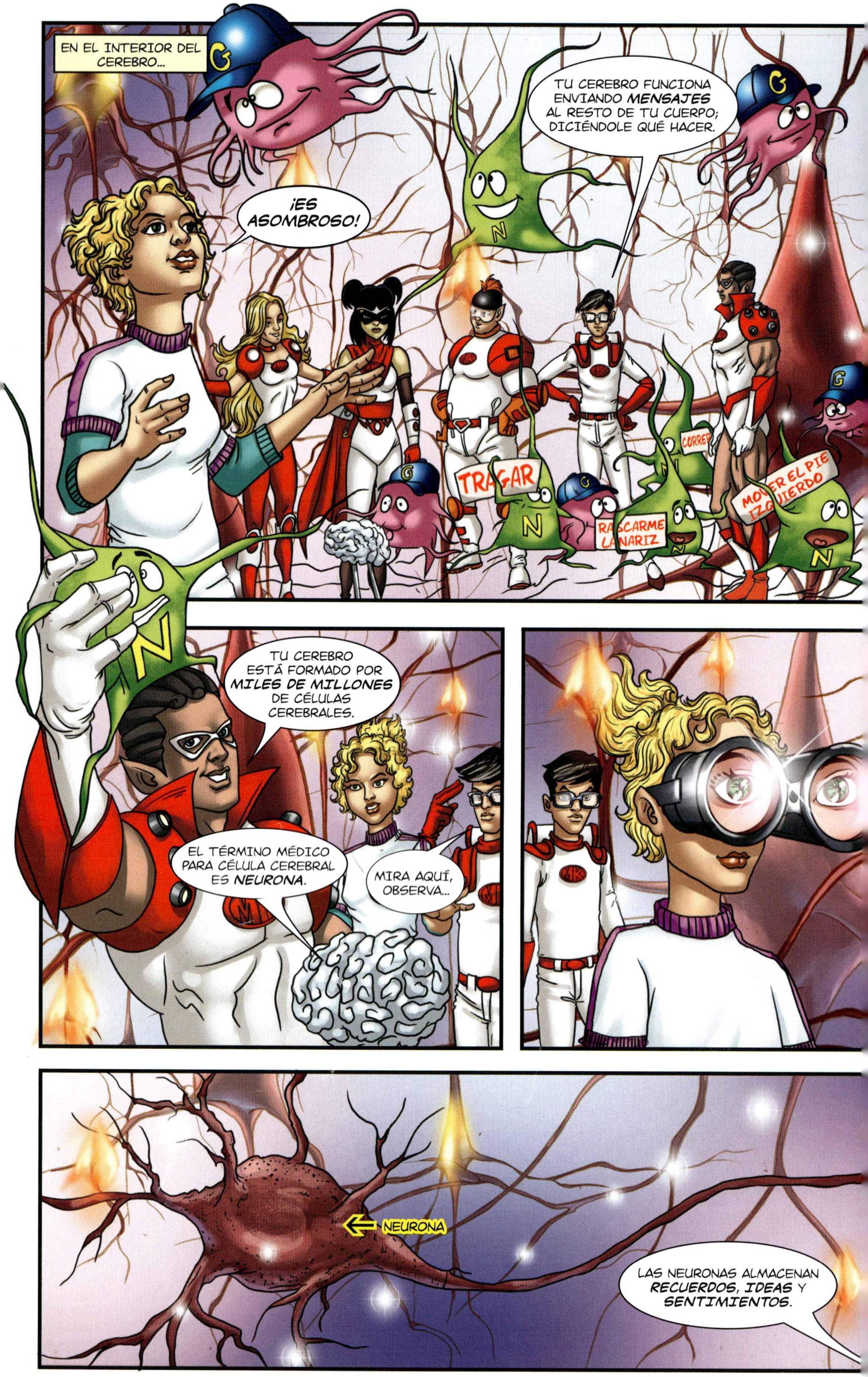

EN EL INTERIOR DEL CEREBRO...
TU CEREBRO FUNCIONA ENVIANDO **MENSAJES** AL RESTO DE TU CUERPO; DICIÉNDOLE QUÉ HACER.
¡ES ASOMBROSO!
TRAGAR
RASCARME LA NARIZ
MOVER EL PIE IZQUIERDO
TU CEREBRO ESTÁ FORMADO POR **MILES DE MILLONES** DE CÉLULAS CEREBRALES.
EL TÉRMINO MÉDICO PARA CÉLULA CEREBRAL ES **NEURONA**.
MIRA AQUÍ, OBSERVA...
NEURONA
LAS NEURONAS ALMACENAN **RECUERDOS, IDEAS** Y **SENTIMIENTOS**.

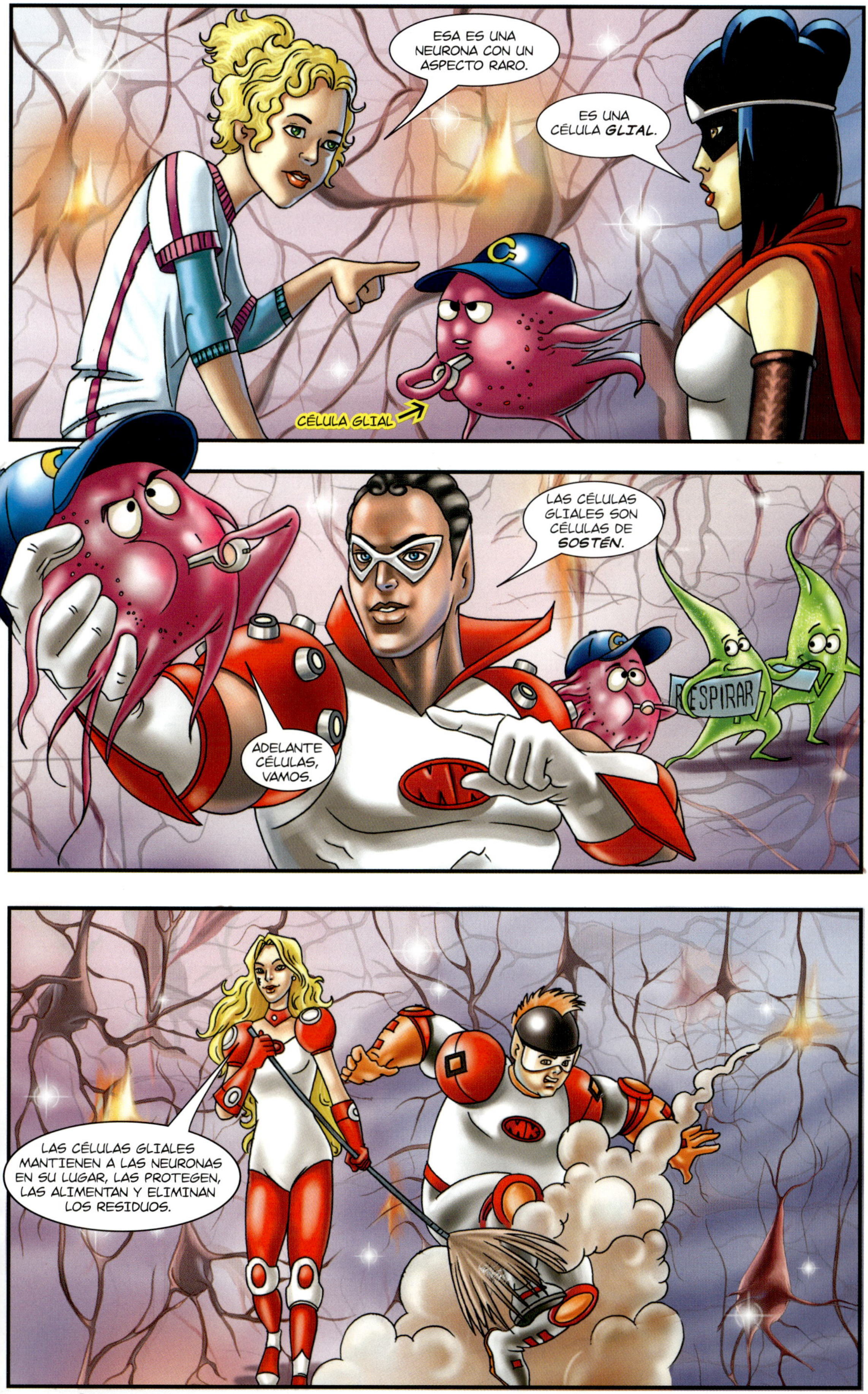
ESA ES UNA NEURONA CON UN ASPECTO RARO.
ES UNA CÉLULA GLIAL.
CÉLULA GLIAL
LAS CÉLULAS GLIALES SON CÉLULAS DE SOSTÉN.
ADELANTE CÉLULAS, VAMOS.
RESPIRAR
LAS CÉLULAS GLIALES MANTIENEN A LAS NEURONAS EN SU LUGAR, LAS PROTEGEN, LAS ALIMENTAN Y ELIMINAN LOS RESIDUOS.

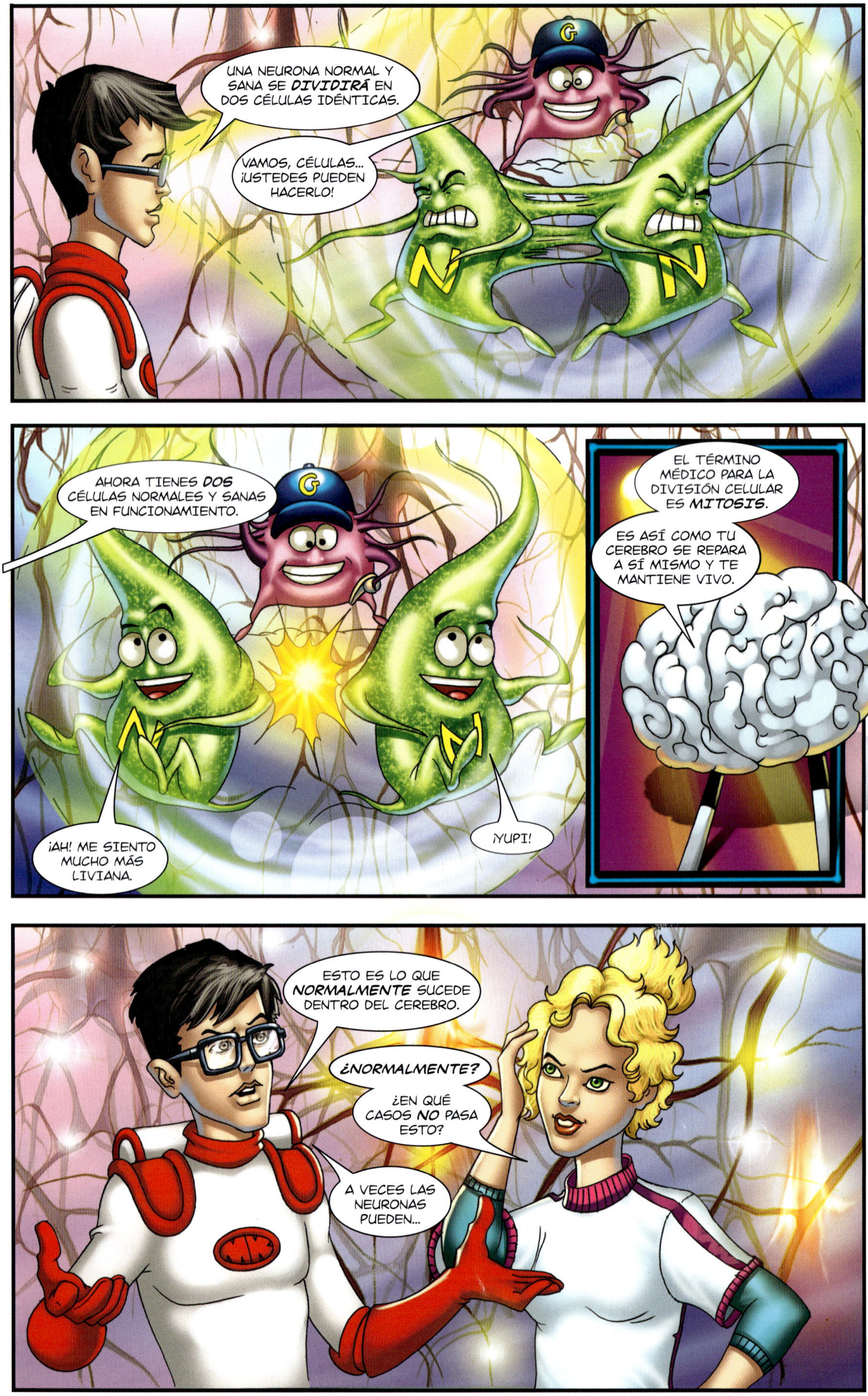
UNA NEURONA NORMAL Y SANA SE DIVIDIRÁ EN DOS CÉLULAS IDÉNTICAS.
VAMOS, CÉLULAS... ¡USTEDES PUEDEN HACERLO!
AHORA TIENES DOS CÉLULAS NORMALES Y SANAS EN FUNCIONAMIENTO.
¡AH! ME SIENTO MUCHO MÁS LIVIANA.
¡YUPI!
EL TÉRMINO MÉDICO PARA LA DIVISIÓN CELULAR ES MITOSIS.
ES ASÍ COMO TU CEREBRO SE REPARA A SÍ MISMO Y TE MANTIENE VIVO.
ESTO ES LO QUE NORMALMENTE SUCEDE DENTRO DEL CEREBRO.
¿NORMALMENTE?
¿EN QUÉ CASOS NO PASA ESTO?
A VECES LAS NEURONAS PUEDEN...

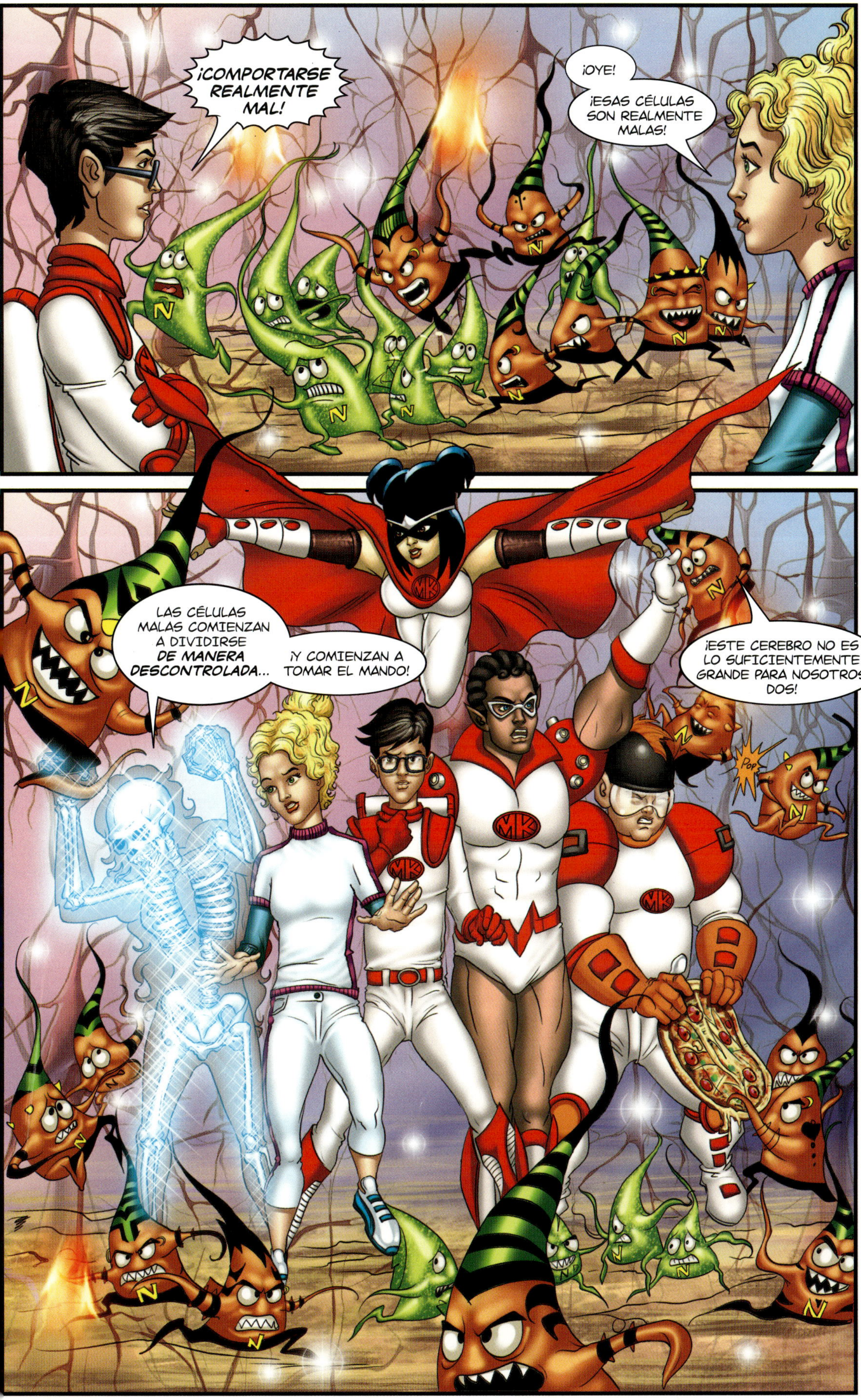
¡COMPORTARSE REALMENTE MAL!
¡OYE!
¡ESAS CÉLULAS SON REALMENTE MALAS!
LAS CÉLULAS MALAS COMIENZAN A DIVIDIRSE ***DE MANERA DESCONTROLADA***...
¡Y COMIENZAN A TOMAR EL MANDO!
¡ESTE CEREBRO NO ES LO SUFICIENTEMENTE GRANDE PARA NOSOTROS DOS!
POP

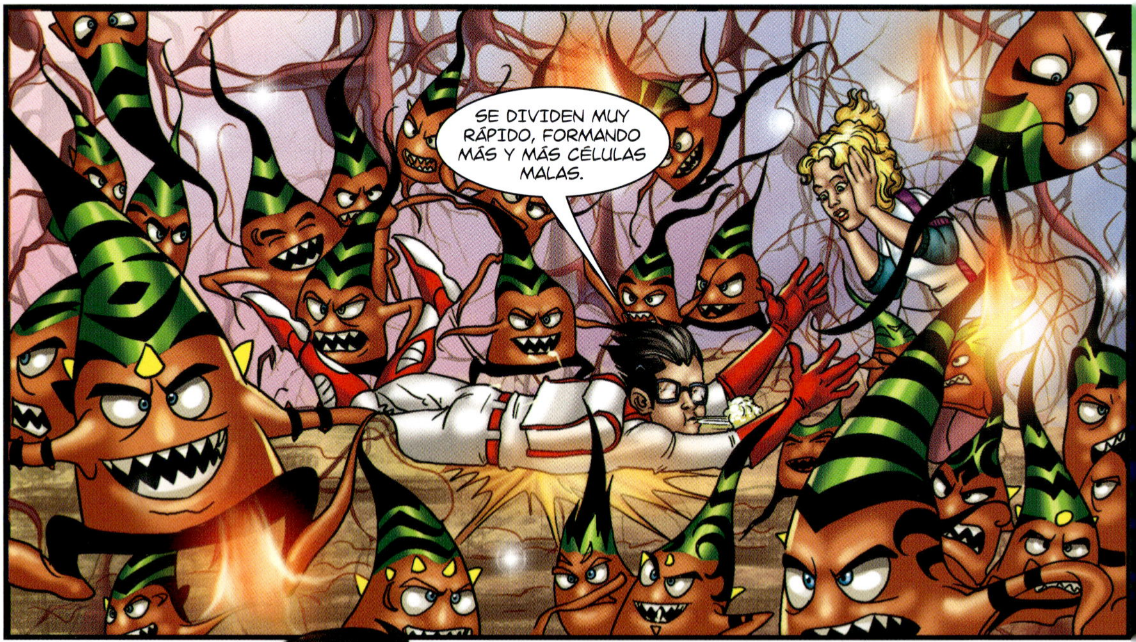
SE DIVIDEN MUY RÁPIDO, FORMANDO MÁS Y MÁS CÉLULAS MALAS.

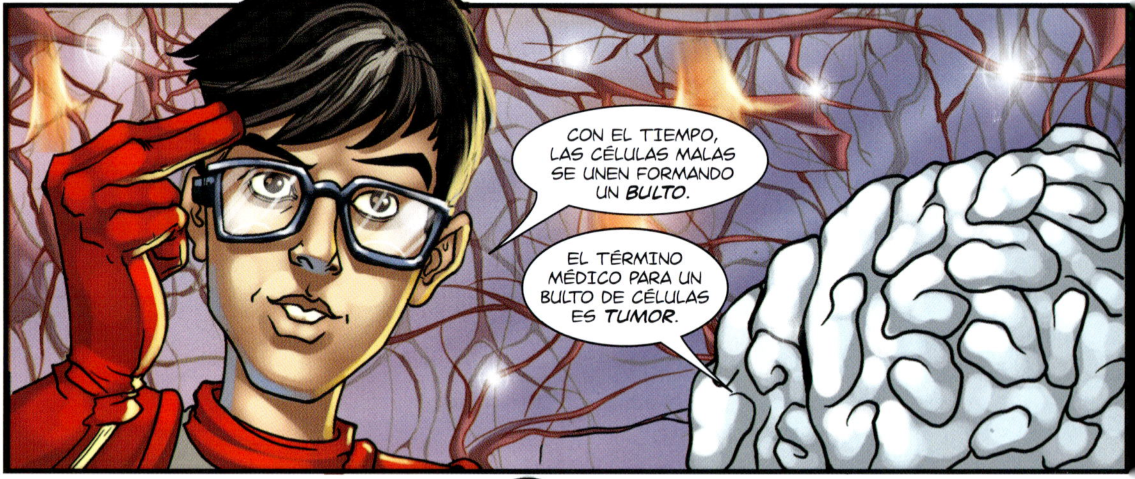
CON EL TIEMPO, LAS CÉLULAS MALAS SE UNEN FORMANDO UN *BULTO*.
EL TÉRMINO MÉDICO PARA UN BULTO DE CÉLULAS ES *TUMOR*.

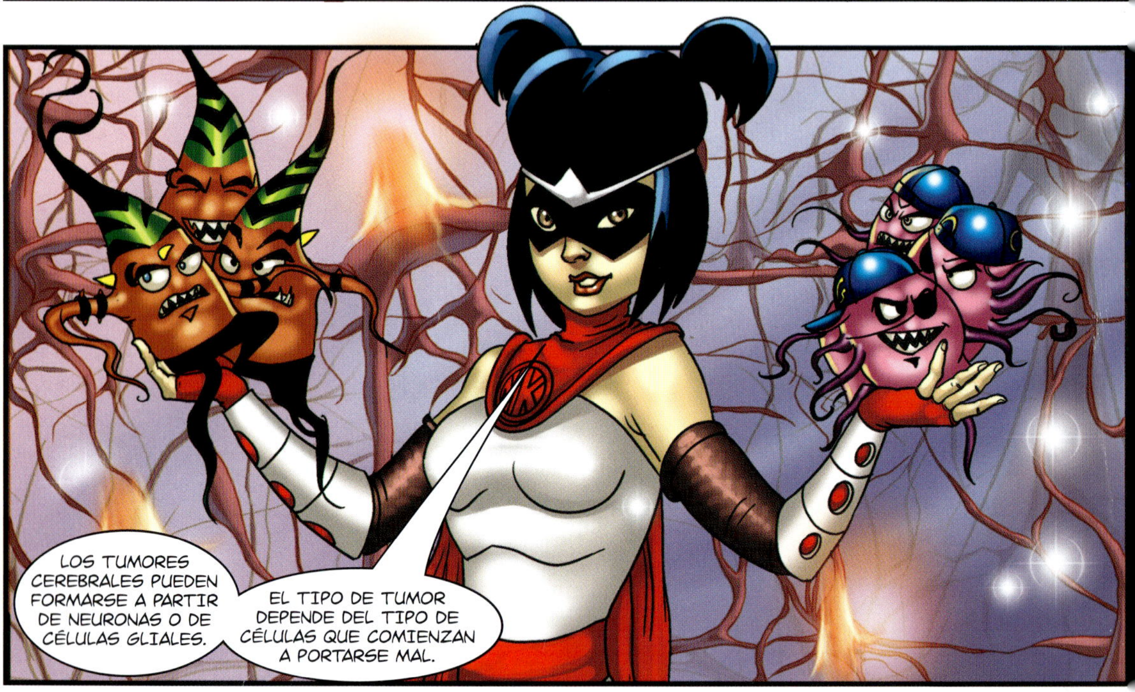
LOS TUMORES CEREBRALES PUEDEN FORMARSE A PARTIR DE NEURONAS O DE CÉLULAS GLIALES.
EL TIPO DE TUMOR DEPENDE DEL TIPO DE CÉLULAS QUE COMIENZAN A PORTARSE MAL.

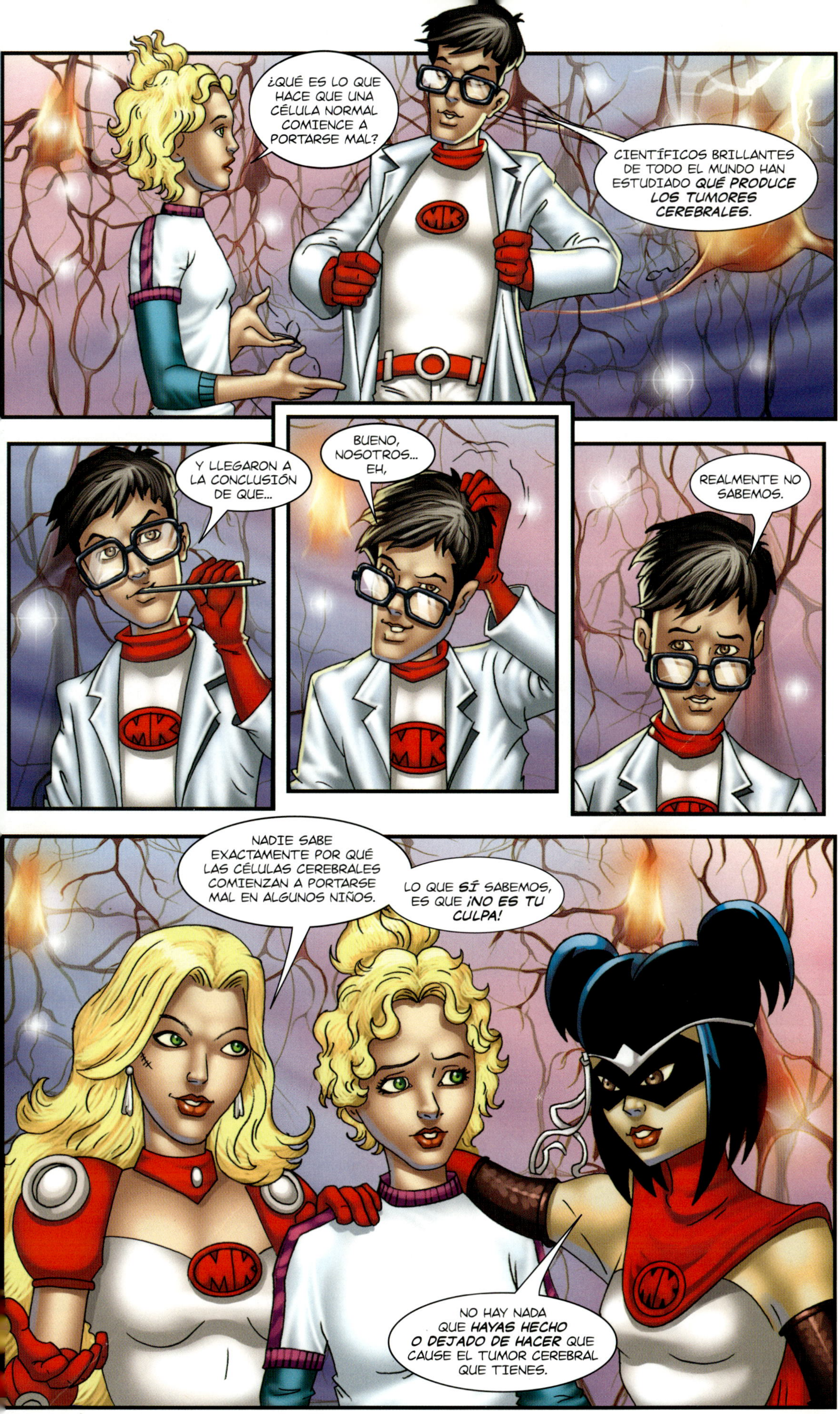
¿QUÉ ES LO QUE HACE QUE UNA CÉLULA NORMAL COMIENCE A PORTARSE MAL?
CIENTÍFICOS BRILLANTES DE TODO EL MUNDO HAN ESTUDIADO QUÉ PRODUCE LOS TUMORES CEREBRALES.
Y LLEGARON A LA CONCLUSIÓN DE QUE...
BUENO, NOSOTROS... EH,
REALMENTE NO SABEMOS.
NADIE SABE EXACTAMENTE POR QUÉ LAS CÉLULAS CEREBRALES COMIENZAN A PORTARSE MAL EN ALGUNOS NIÑOS.
LO QUE SÍ SABEMOS, ES QUE ¡NO ES TU CULPA!
NO HAY NADA QUE HAYAS HECHO O DEJADO DE HACER QUE CAUSE EL TUMOR CEREBRAL QUE TIENES.

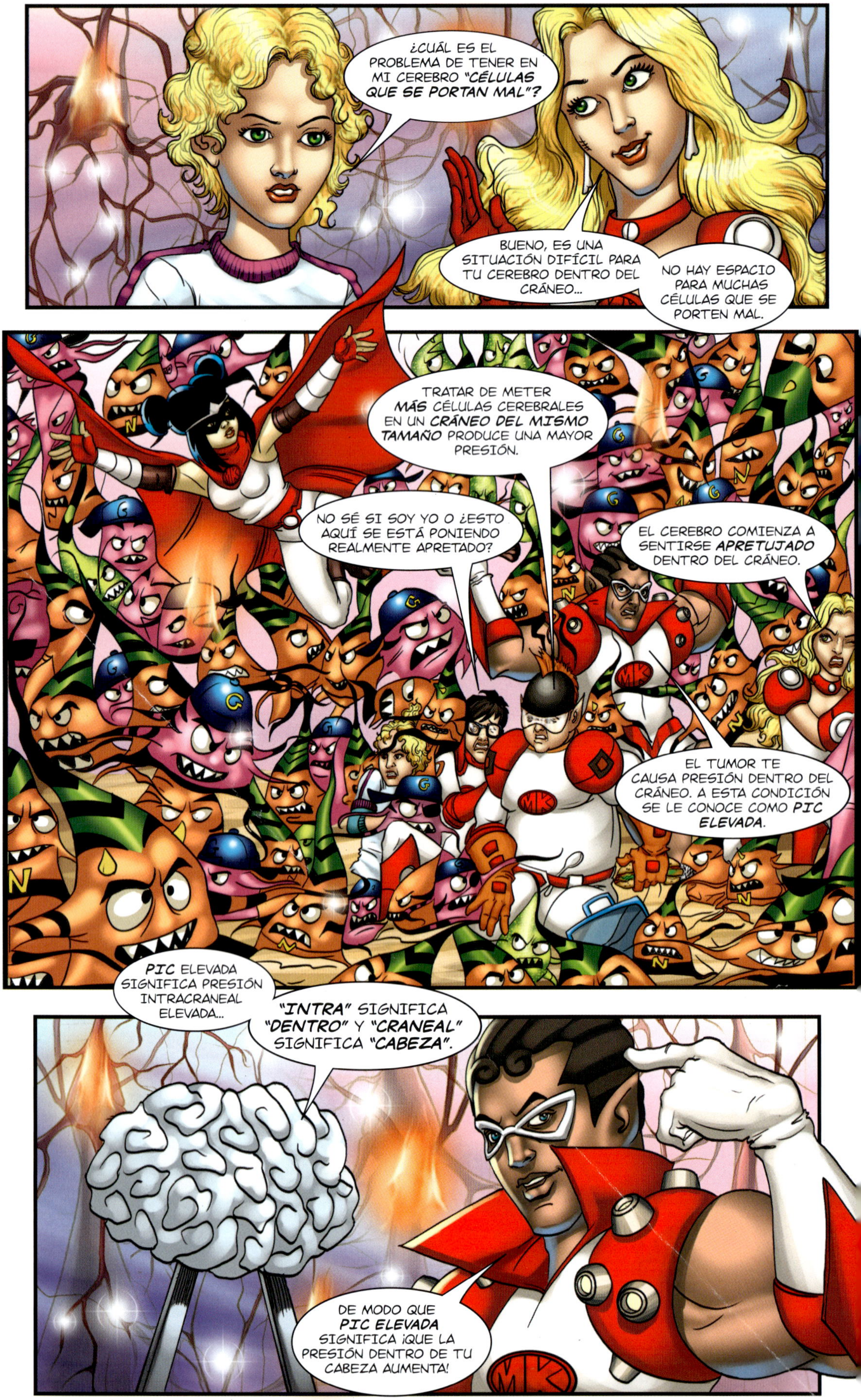
¿CUÁL ES EL PROBLEMA DE TENER EN MI CEREBRO "CÉLULAS QUE SE PORTAN MAL"?
BUENO, ES UNA SITUACIÓN DIFÍCIL PARA TU CEREBRO DENTRO DEL CRÁNEO...
NO HAY ESPACIO PARA MUCHAS CÉLULAS QUE SE PORTEN MAL.
TRATAR DE METER MÁS CÉLULAS CEREBRALES EN UN CRÁNEO DEL MISMO TAMAÑO PRODUCE UNA MAYOR PRESIÓN.
NO SÉ SI SOY YO O ¿ESTO AQUÍ SE ESTÁ PONIENDO REALMENTE APRETADO?
EL CEREBRO COMIENZA A SENTIRSE APRETUJADO DENTRO DEL CRÁNEO.
EL TUMOR TE CAUSA PRESIÓN DENTRO DEL CRÁNEO. A ESTA CONDICIÓN SE LE CONOCE COMO PIC ELEVADA.
PIC ELEVADA SIGNIFICA PRESIÓN INTRACRANEAL ELEVADA...
"INTRA" SIGNIFICA "DENTRO" Y "CRANEAL" SIGNIFICA "CABEZA".
DE MODO QUE PIC ELEVADA SIGNIFICA ¡QUE LA PRESIÓN DENTRO DE TU CABEZA AUMENTA!

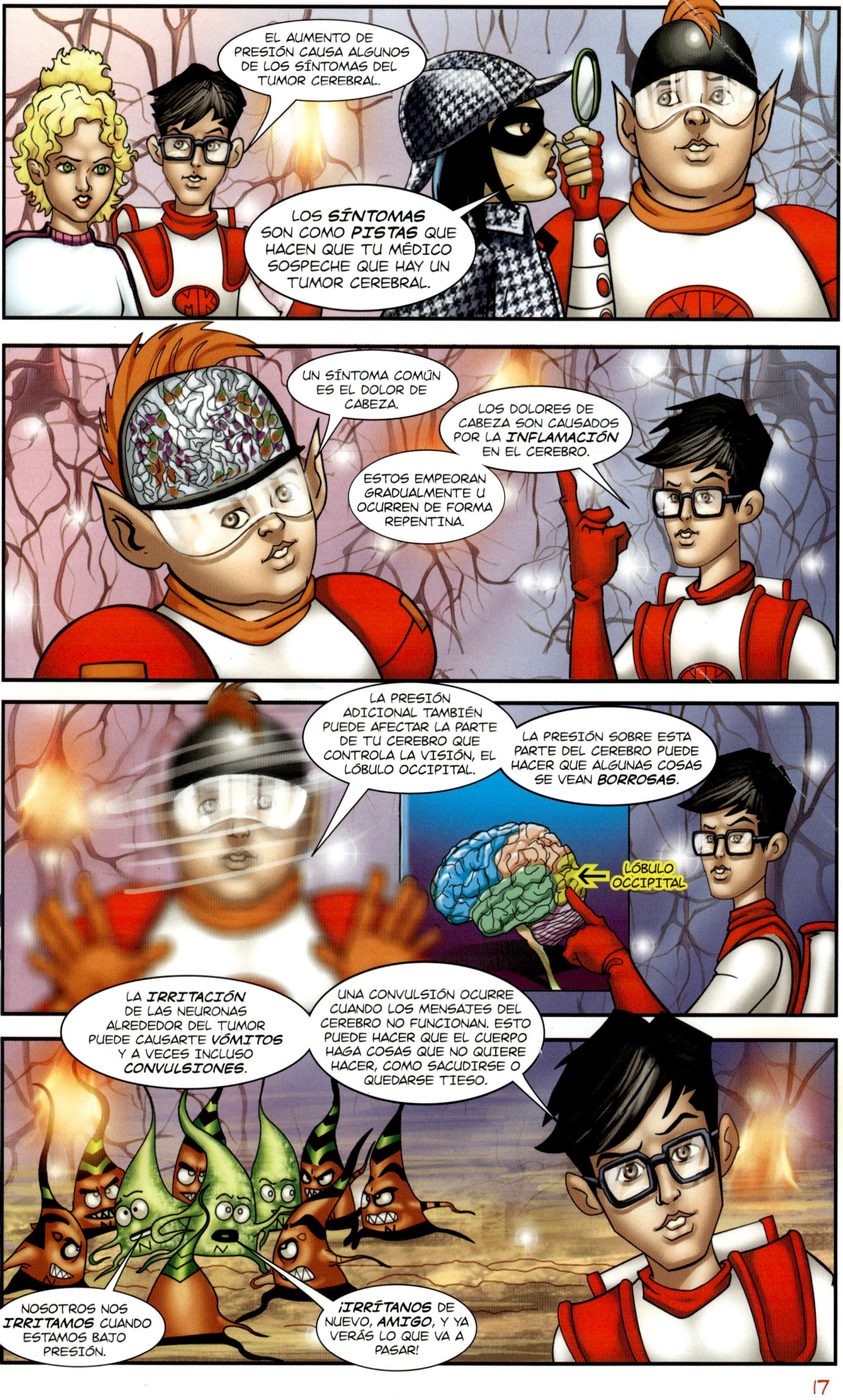
EL AUMENTO DE PRESIÓN CAUSA ALGUNOS DE LOS SÍNTOMAS DEL TUMOR CEREBRAL.
LOS **SÍNTOMAS** SON COMO **PISTAS** QUE HACEN QUE TU MÉDICO SOSPECHE QUE HAY UN TUMOR CEREBRAL.
UN SÍNTOMA COMÚN ES EL DOLOR DE CABEZA.
LOS DOLORES DE CABEZA SON CAUSADOS POR LA **INFLAMACIÓN** EN EL CEREBRO.
ESTOS EMPEORAN GRADUALMENTE U OCURREN DE FORMA REPENTINA.
LA PRESIÓN ADICIONAL TAMBIÉN PUEDE AFECTAR LA PARTE DE TU CEREBRO QUE CONTROLA LA VISIÓN, EL LÓBULO OCCIPITAL.
LA PRESIÓN SOBRE ESTA PARTE DEL CEREBRO PUEDE HACER QUE ALGUNAS COSAS SE VEAN **BORROSAS**.
LÓBULO OCCIPITAL
LA **IRRITACIÓN** DE LAS NEURONAS ALREDEDOR DEL TUMOR PUEDE CAUSARTE **VÓMITOS** Y A VECES INCLUSO **CONVULSIONES**.
UNA CONVULSIÓN OCURRE CUANDO LOS MENSAJES DEL CEREBRO NO FUNCIONAN. ESTO PUEDE HACER QUE EL CUERPO HAGA COSAS QUE NO QUIERE HACER, COMO SACUDIRSE O QUEDARSE TIESO.
NOSOTROS NOS **IRRITAMOS** CUANDO ESTAMOS BAJO PRESIÓN.
¡**IRRÍTANOS** DE NUEVO, **AMIGO**, Y YA VERÁS LO QUE VA A PASAR!

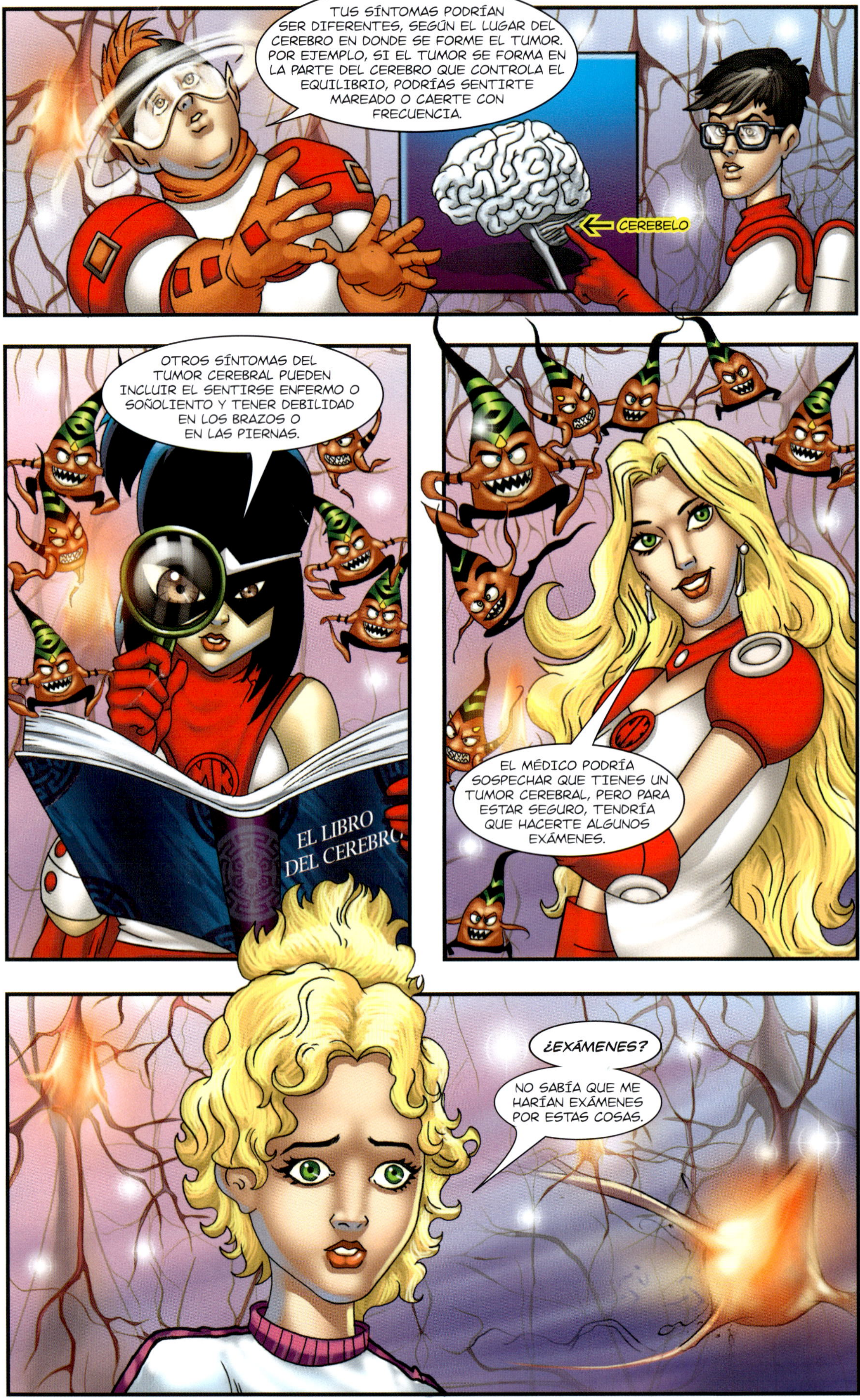
TUS SÍNTOMAS PODRÍAN SER DIFERENTES, SEGÚN EL LUGAR DEL CEREBRO EN DONDE SE FORME EL TUMOR. POR EJEMPLO, SI EL TUMOR SE FORMA EN LA PARTE DEL CEREBRO QUE CONTROLA EL EQUILIBRIO, PODRÍAS SENTIRTE MAREADO O CAERTE CON FRECUENCIA.
CEREBELO
OTROS SÍNTOMAS DEL TUMOR CEREBRAL PUEDEN INCLUIR EL SENTIRSE ENFERMO O SOÑOLIENTO Y TENER DEBILIDAD EN LOS BRAZOS O EN LAS PIERNAS.
EL LIBRO DEL CEREBRO
EL MÉDICO PODRÍA SOSPECHAR QUE TIENES UN TUMOR CEREBRAL, PERO PARA ESTAR SEGURO, TENDRÍA QUE HACERTE ALGUNOS EXÁMENES.
¿EXÁMENES?
NO SABÍA QUE ME HARÍAN EXÁMENES POR ESTAS COSAS.

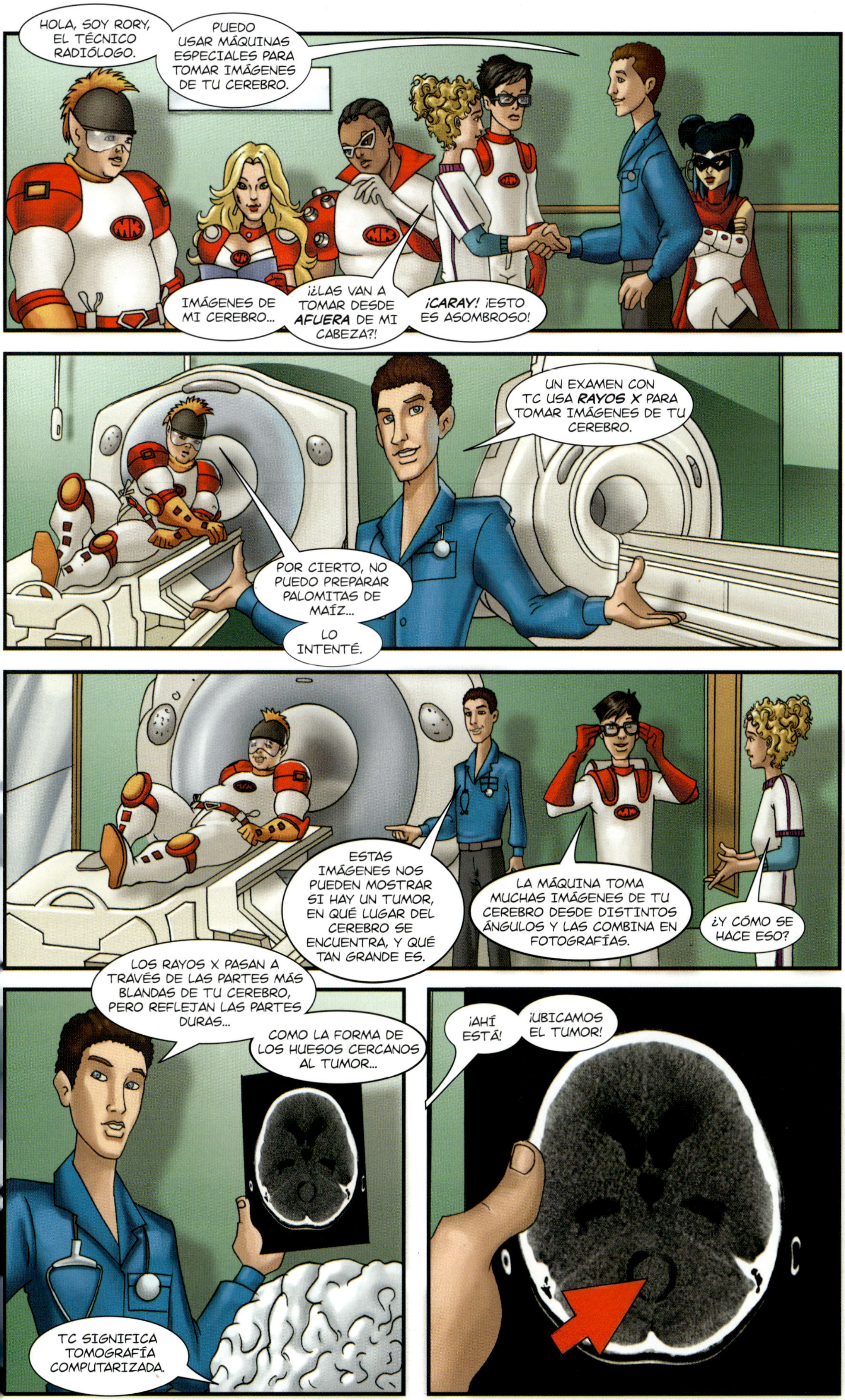
HOLA, SOY RORY, EL TÉCNICO RADIÓLOGO.
PUEDO USAR MÁQUINAS ESPECIALES PARA TOMAR IMÁGENES DE TU CEREBRO.
IMÁGENES DE MI CEREBRO...
¡¿LAS VAN A TOMAR DESDE **AFUERA** DE MI CABEZA?!
¡CARAY! ¡ESTO ES ASOMBROSO!
UN EXAMEN CON TC USA **RAYOS X** PARA TOMAR IMÁGENES DE TU CEREBRO.
POR CIERTO, NO PUEDO PREPARAR PALOMITAS DE MAÍZ...
LO INTENTÉ.
ESTAS IMÁGENES NOS PUEDEN MOSTRAR SI HAY UN TUMOR, EN QUÉ LUGAR DEL CEREBRO SE ENCUENTRA, Y QUÉ TAN GRANDE ES.
LA MÁQUINA TOMA MUCHAS IMÁGENES DE TU CEREBRO DESDE DISTINTOS ÁNGULOS Y LAS COMBINA EN FOTOGRAFÍAS.
¿Y CÓMO SE HACE ESO?
LOS RAYOS X PASAN A TRAVÉS DE LAS PARTES MÁS BLANDAS DE TU CEREBRO, PERO REFLEJAN LAS PARTES DURAS...
COMO LA FORMA DE LOS HUESOS CERCANOS AL TUMOR...
TC SIGNIFICA TOMOGRAFÍA COMPUTARIZADA.
¡AHÍ ESTÁ!
¡UBICAMOS EL TUMOR!

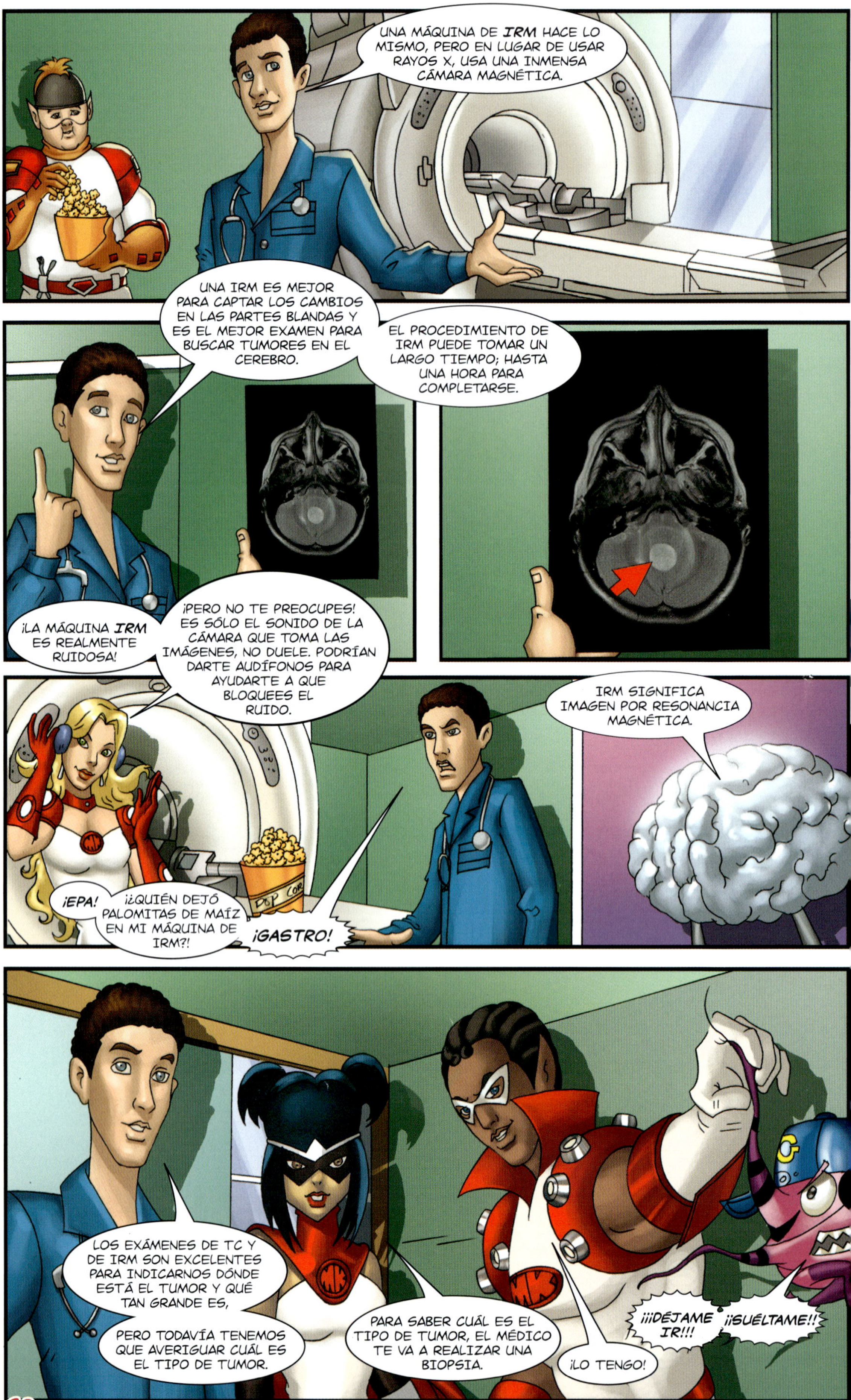
UNA MÁQUINA DE IRM HACE LO MISMO, PERO EN LUGAR DE USAR RAYOS X, USA UNA INMENSA CÁMARA MAGNÉTICA.
UNA IRM ES MEJOR PARA CAPTAR LOS CAMBIOS EN LAS PARTES BLANDAS Y ES EL MEJOR EXAMEN PARA BUSCAR TUMORES EN EL CEREBRO.
EL PROCEDIMIENTO DE IRM PUEDE TOMAR UN LARGO TIEMPO; HASTA UNA HORA PARA COMPLETARSE.
¡LA MÁQUINA IRM ES REALMENTE RUIDOSA!
¡PERO NO TE PREOCUPES! ES SÓLO EL SONIDO DE LA CÁMARA QUE TOMA LAS IMÁGENES, NO DUELE. PODRÍAN DARTE AUDÍFONOS PARA AYUDARTE A QUE BLOQUEES EL RUIDO.
¡EPA!
¡¿QUIÉN DEJÓ PALOMITAS DE MAÍZ EN MI MÁQUINA DE IRM?!
¡GASTRO!
IRM SIGNIFICA IMAGEN POR RESONANCIA MAGNÉTICA.
LOS EXÁMENES DE TC Y DE IRM SON EXCELENTES PARA INDICARNOS DÓNDE ESTÁ EL TUMOR Y QUÉ TAN GRANDE ES,
PERO TODAVÍA TENEMOS QUE AVERIGUAR CUÁL ES EL TIPO DE TUMOR.
PARA SABER CUÁL ES EL TIPO DE TUMOR, EL MÉDICO TE VA A REALIZAR UNA BIOPSIA.
¡LO TENGO!
¡¡¡DÉJAME IR!!!
¡¡SUÉLTAME!!

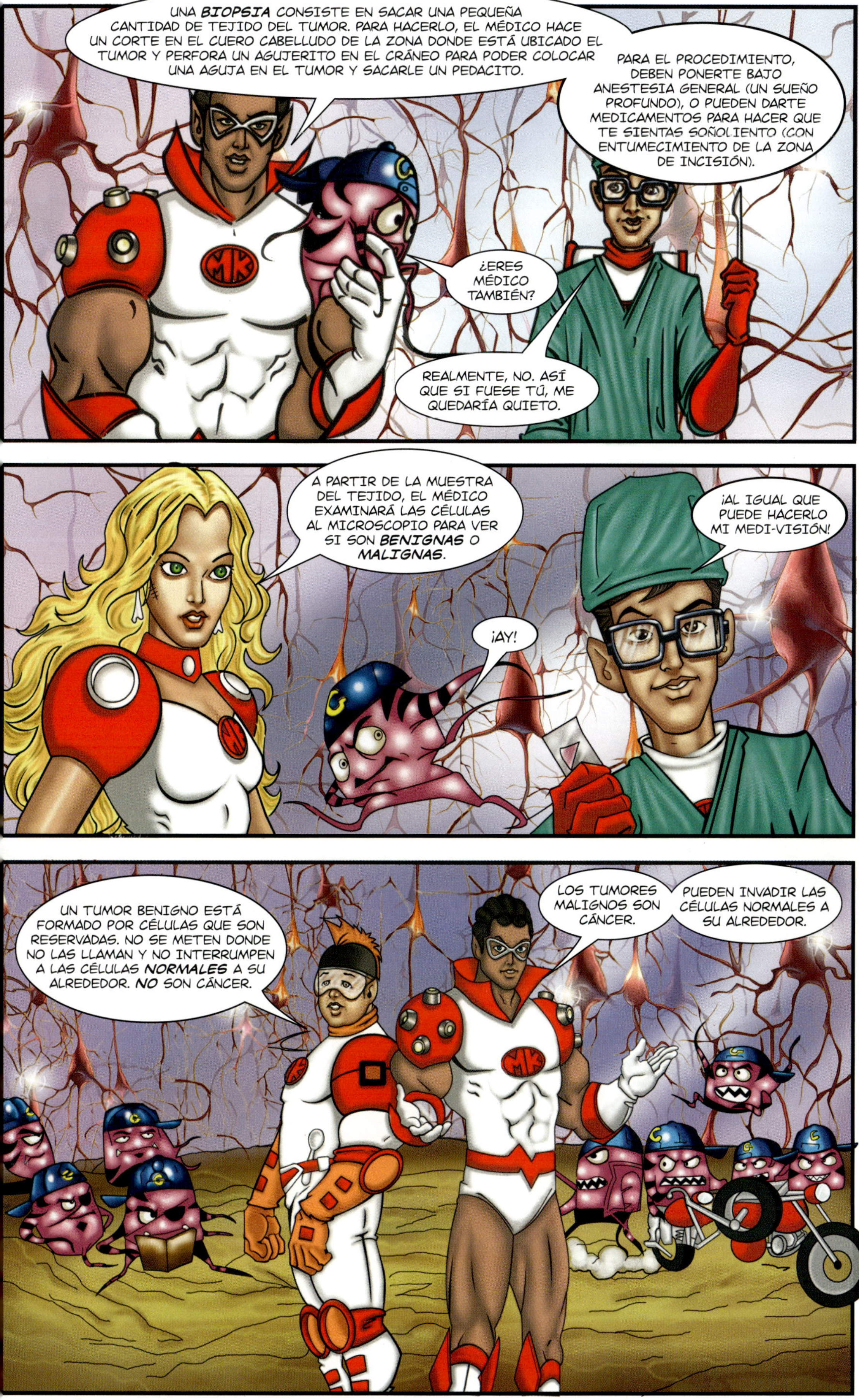
UNA BIOPSIA CONSISTE EN SACAR UNA PEQUEÑA CANTIDAD DE TEJIDO DEL TUMOR. PARA HACERLO, EL MÉDICO HACE UN CORTE EN EL CUERO CABELLUDO DE LA ZONA DONDE ESTÁ UBICADO EL TUMOR Y PERFORA UN AGUJERITO EN EL CRÁNEO PARA PODER COLOCAR UNA AGUJA EN EL TUMOR Y SACARLE UN PEDACITO.
PARA EL PROCEDIMIENTO, DEBEN PONERTE BAJO ANESTESIA GENERAL (UN SUEÑO PROFUNDO), O PUEDEN DARTE MEDICAMENTOS PARA HACER QUE TE SIENTAS SOÑOLIENTO (CON ENTUMECIMIENTO DE LA ZONA DE INCISIÓN).
¿ERES MÉDICO TAMBIÉN?
REALMENTE, NO. ASÍ QUE SI FUESE TÚ, ME QUEDARÍA QUIETO.
A PARTIR DE LA MUESTRA DEL TEJIDO, EL MÉDICO EXAMINARÁ LAS CÉLULAS AL MICROSCOPIO PARA VER SI SON BENIGNAS O MALIGNAS.
¡AL IGUAL QUE PUEDE HACERLO MI MEDI-VISIÓN!
¡AY!
UN TUMOR BENIGNO ESTÁ FORMADO POR CÉLULAS QUE SON RESERVADAS. NO SE METEN DONDE NO LAS LLAMAN Y NO INTERRUMPEN A LAS CÉLULAS NORMALES A SU ALREDEDOR. NO SON CÁNCER.
LOS TUMORES MALIGNOS SON CÁNCER.
PUEDEN INVADIR LAS CÉLULAS NORMALES A SU ALREDEDOR.

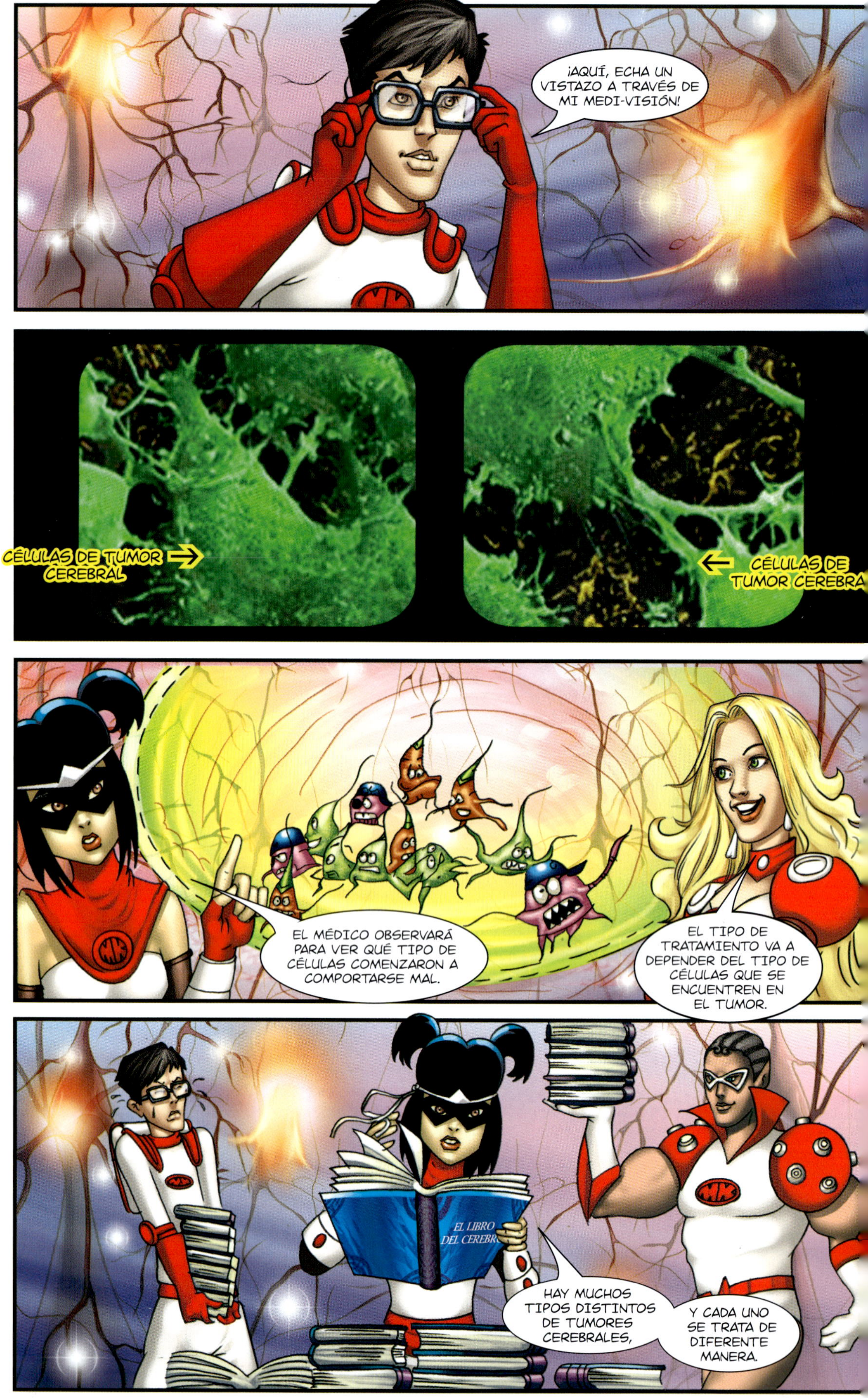
¡AQUÍ, ECHA UN VISTAZO A TRAVÉS DE MI MEDI-VISIÓN!
CÉLULAS DE TUMOR CEREBRAL
CÉLULAS DE TUMOR CEREBRA
EL MÉDICO OBSERVARÁ PARA VER QUÉ TIPO DE CÉLULAS COMENZARON A COMPORTARSE MAL.
EL TIPO DE TRATAMIENTO VA A DEPENDER DEL TIPO DE CÉLULAS QUE SE ENCUENTREN EN EL TUMOR.
EL LIBRO DEL CEREBR
HAY MUCHOS TIPOS DISTINTOS DE TUMORES CEREBRALES,
Y CADA UNO SE TRATA DE DIFERENTE MANERA.

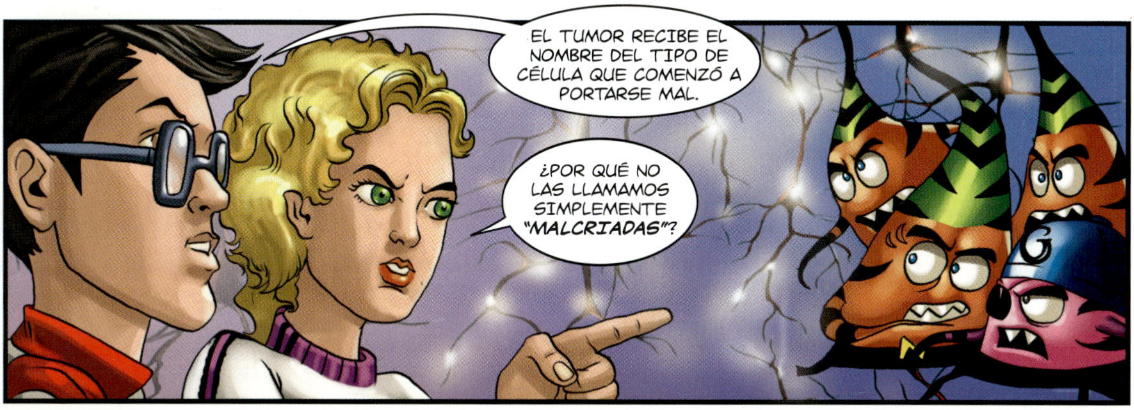
EL TUMOR RECIBE EL NOMBRE DEL TIPO DE CÉLULA QUE COMENZÓ A PORTARSE MAL.
¿POR QUÉ NO LAS LLAMAMOS SIMPLEMENTE "MALCRIADAS"?

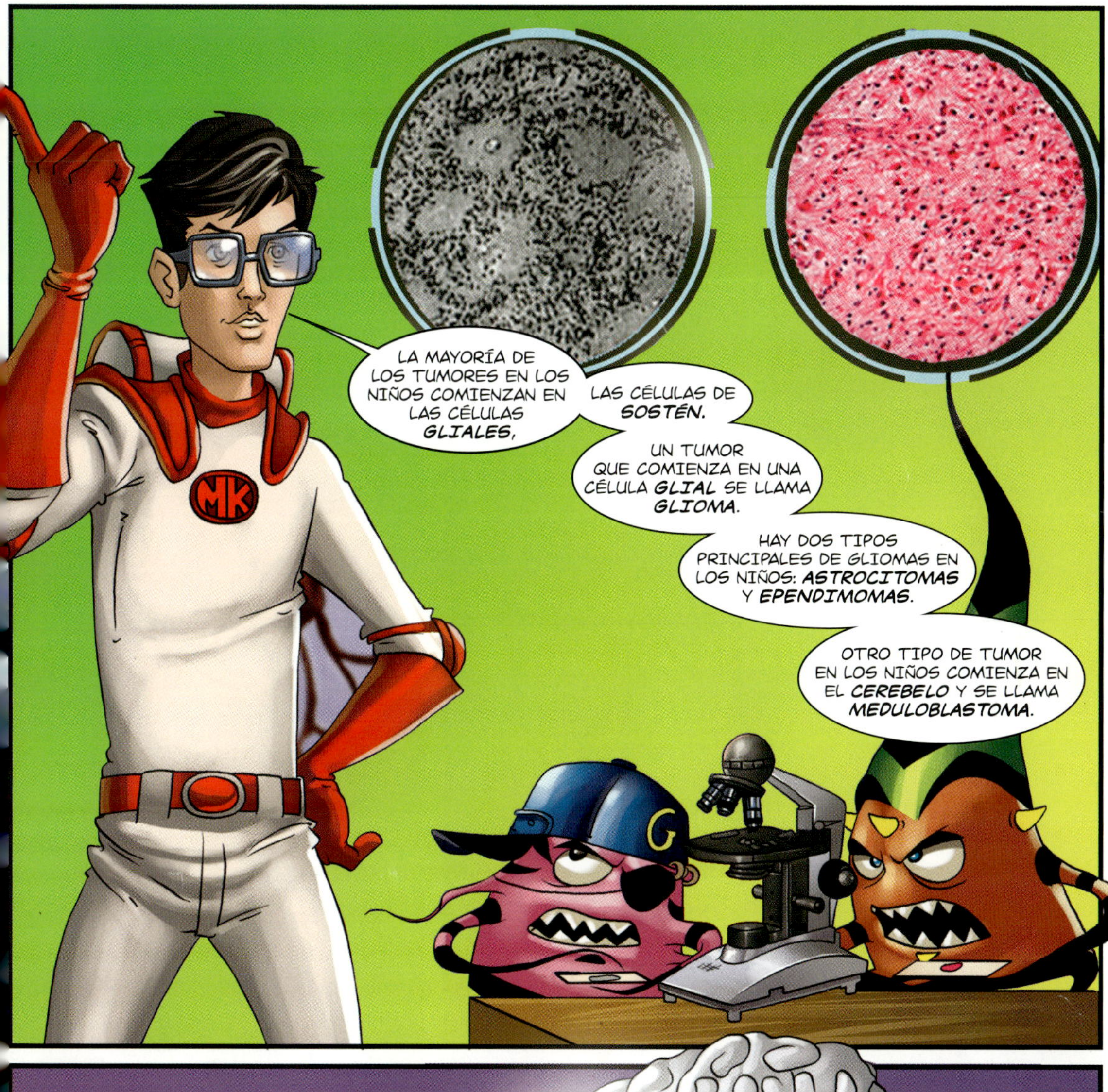
LA MAYORÍA DE LOS TUMORES EN LOS NIÑOS COMIENZAN EN LAS CÉLULAS GLIALES,
LAS CÉLULAS DE SOSTÉN.
UN TUMOR QUE COMIENZA EN UNA CÉLULA GLIAL SE LLAMA GLIOMA.
HAY DOS TIPOS PRINCIPALES DE GLIOMAS EN LOS NIÑOS: ASTROCITOMAS Y EPENDIMOMAS.
OTRO TIPO DE TUMOR EN LOS NIÑOS COMIENZA EN EL CEREBELO Y SE LLAMA MEDULOBLASTOMA.
MK

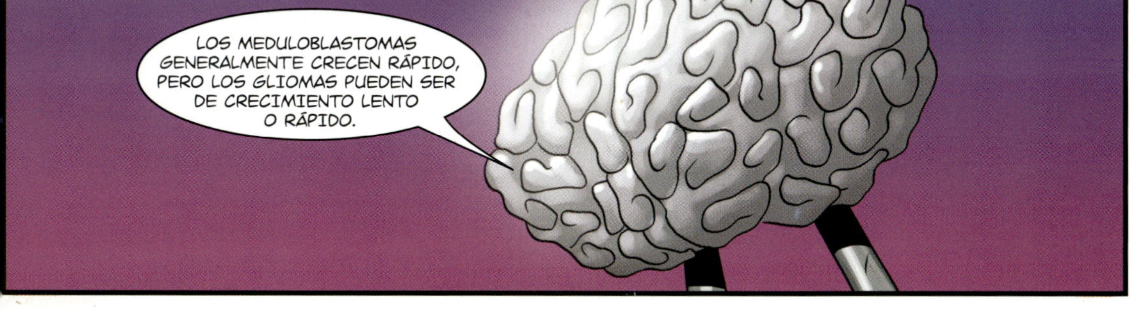
LOS MEDULOBLASTOMAS GENERALMENTE CRECEN RÁPIDO, PERO LOS GLIOMAS PUEDEN SER DE CRECIMIENTO LENTO O RÁPIDO.

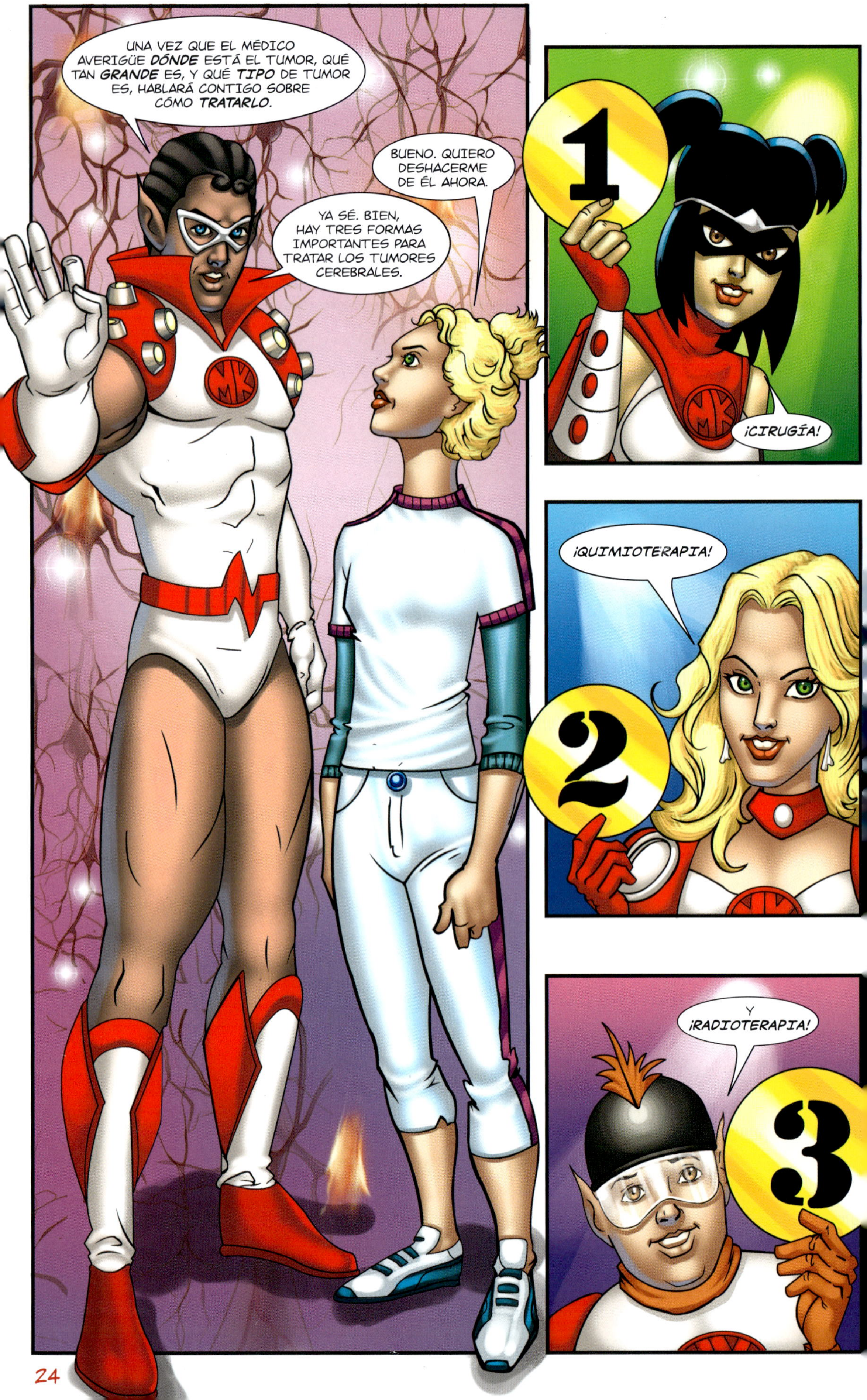
UNA VEZ QUE EL MÉDICO AVERIGÜE DÓNDE ESTÁ EL TUMOR, QUÉ TAN GRANDE ES, Y QUÉ TIPO DE TUMOR ES, HABLARÁ CONTIGO SOBRE CÓMO TRATARLO.
BUENO. QUIERO DESHACERME DE ÉL AHORA.
YA SÉ. BIEN, HAY TRES FORMAS IMPORTANTES PARA TRATAR LOS TUMORES CEREBRALES.
1
¡CIRUGÍA!
¡QUIMIOTERAPIA!
2
Y ¡RADIOTERAPIA!
3

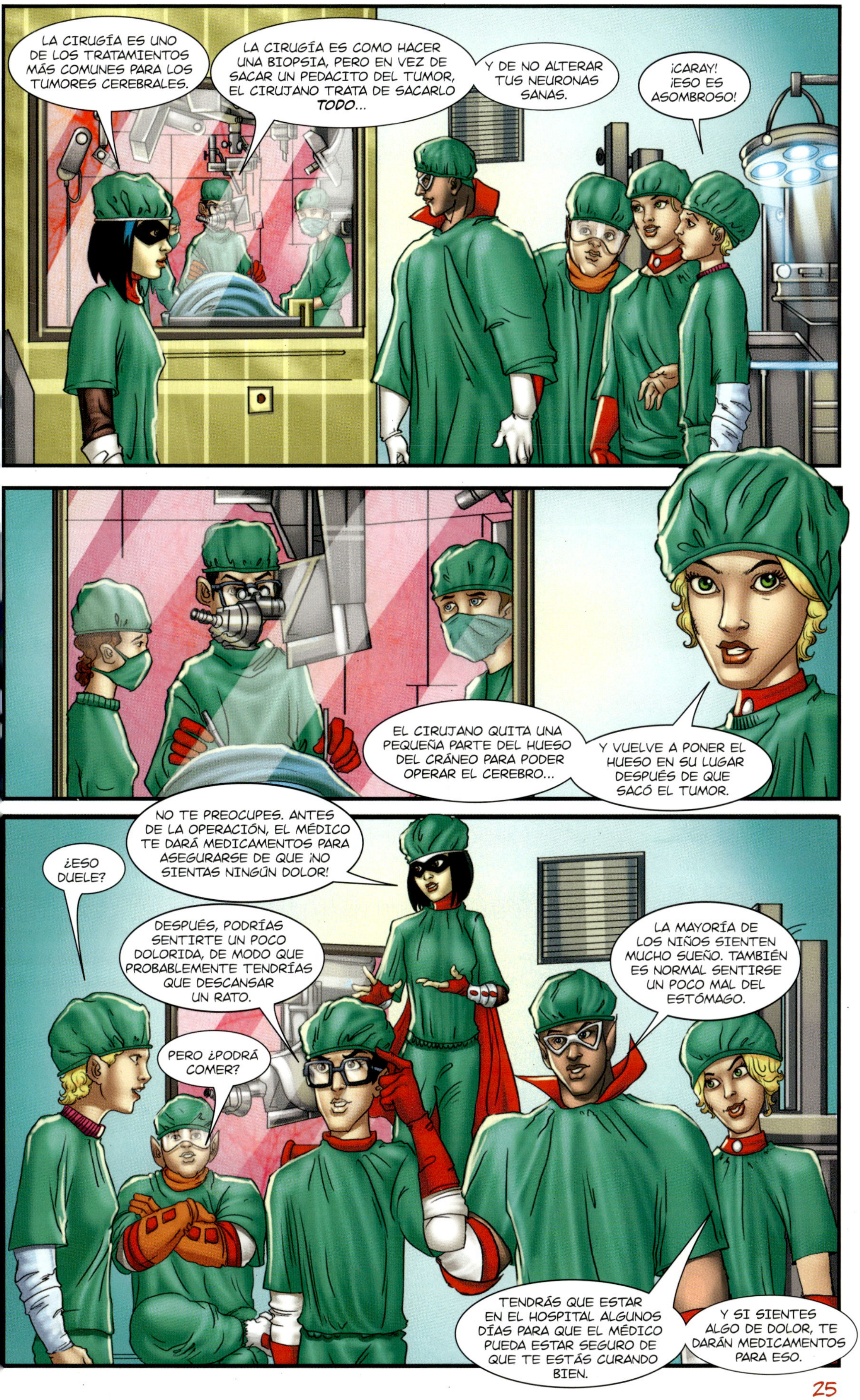
LA CIRUGÍA ES UNO DE LOS TRATAMIENTOS MÁS COMUNES PARA LOS TUMORES CEREBRALES.
LA CIRUGÍA ES COMO HACER UNA BIOPSIA, PERO EN VEZ DE SACAR UN PEDACITO DEL TUMOR, EL CIRUJANO TRATA DE SACARLO *TODO*...
Y DE NO ALTERAR TUS NEURONAS SANAS.
¡CARAY! ¡ESO ES ASOMBROSO!
EL CIRUJANO QUITA UNA PEQUEÑA PARTE DEL HUESO DEL CRÁNEO PARA PODER OPERAR EL CEREBRO...
Y VUELVE A PONER EL HUESO EN SU LUGAR DESPUÉS DE QUE SACÓ EL TUMOR.
¿ESO DUELE?
NO TE PREOCUPES. ANTES DE LA OPERACIÓN, EL MÉDICO TE DARÁ MEDICAMENTOS PARA ASEGURARSE DE QUE ¡NO SIENTAS NINGÚN DOLOR!
DESPUÉS, PODRÍAS SENTIRTE UN POCO DOLORIDA, DE MODO QUE PROBABLEMENTE TENDRÍAS QUE DESCANSAR UN RATO.
PERO ¿PODRÁ COMER?
LA MAYORÍA DE LOS NIÑOS SIENTEN MUCHO SUEÑO. TAMBIÉN ES NORMAL SENTIRSE UN POCO MAL DEL ESTÓMAGO.
TENDRÁS QUE ESTAR EN EL HOSPITAL ALGUNOS DÍAS PARA QUE EL MÉDICO PUEDA ESTAR SEGURO DE QUE TE ESTÁS CURANDO BIEN.
Y SI SIENTES ALGO DE DOLOR, TE DARÁN MEDICAMENTOS PARA ESO.

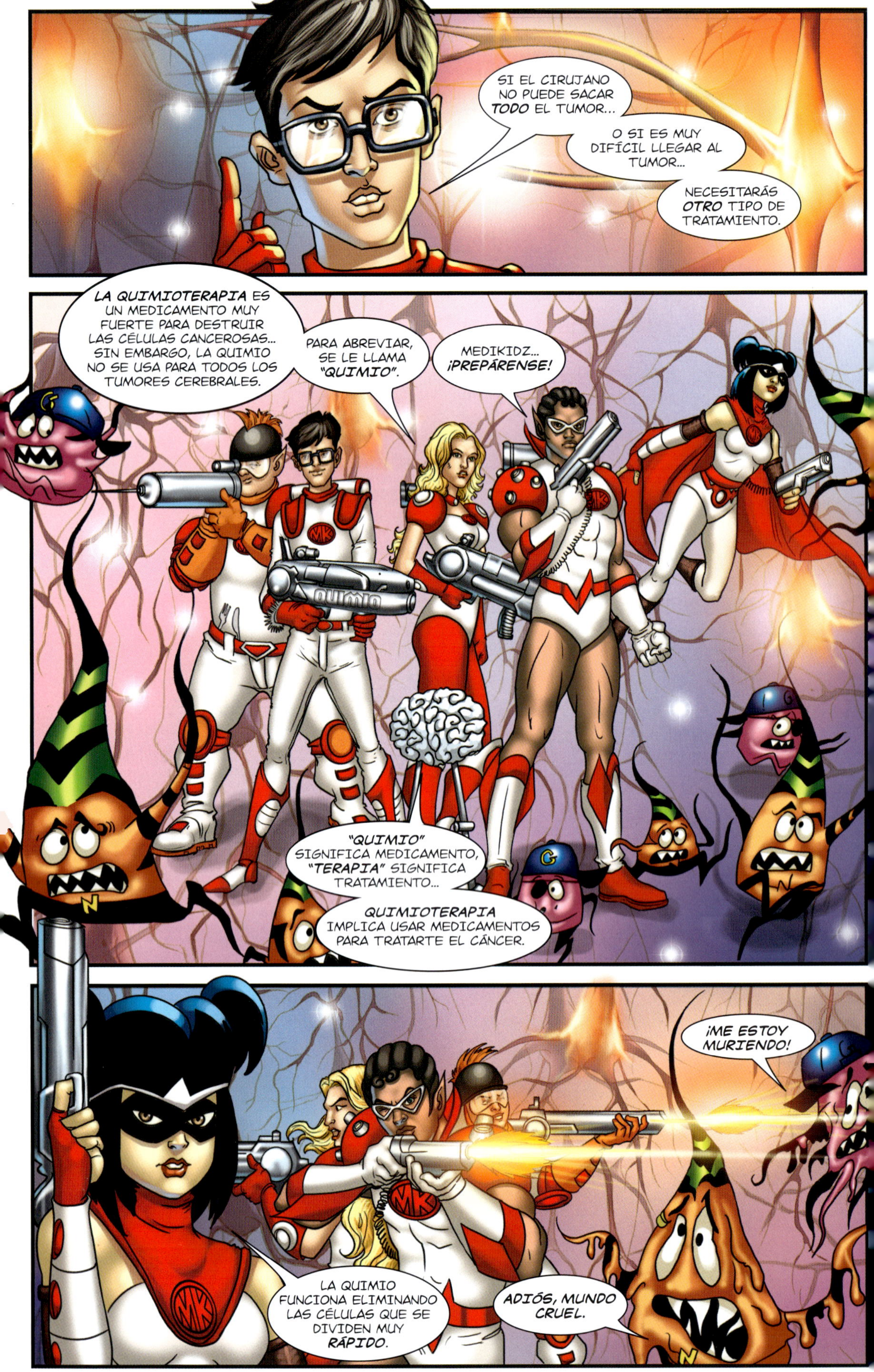
SI EL CIRUJANO NO PUEDE SACAR TODO EL TUMOR...
O SI ES MUY DIFÍCIL LLEGAR AL TUMOR...
NECESITARÁS OTRO TIPO DE TRATAMIENTO.
LA QUIMIOTERAPIA ES UN MEDICAMENTO MUY FUERTE PARA DESTRUIR LAS CÉLULAS CANCEROSAS... SIN EMBARGO, LA QUIMIO NO SE USA PARA TODOS LOS TUMORES CEREBRALES.
PARA ABREVIAR, SE LE LLAMA "QUIMIO".
MEDIKIDZ... ¡PREPÁRENSE!
QUIMIO
"QUIMIO" SIGNIFICA MEDICAMENTO, "TERAPIA" SIGNIFICA TRATAMIENTO...
QUIMIOTERAPIA IMPLICA USAR MEDICAMENTOS PARA TRATARTE EL CÁNCER.
¡ME ESTOY MURIENDO!
LA QUIMIO FUNCIONA ELIMINANDO LAS CÉLULAS QUE SE DIVIDEN MUY RÁPIDO.
ADIÓS, MUNDO CRUEL.

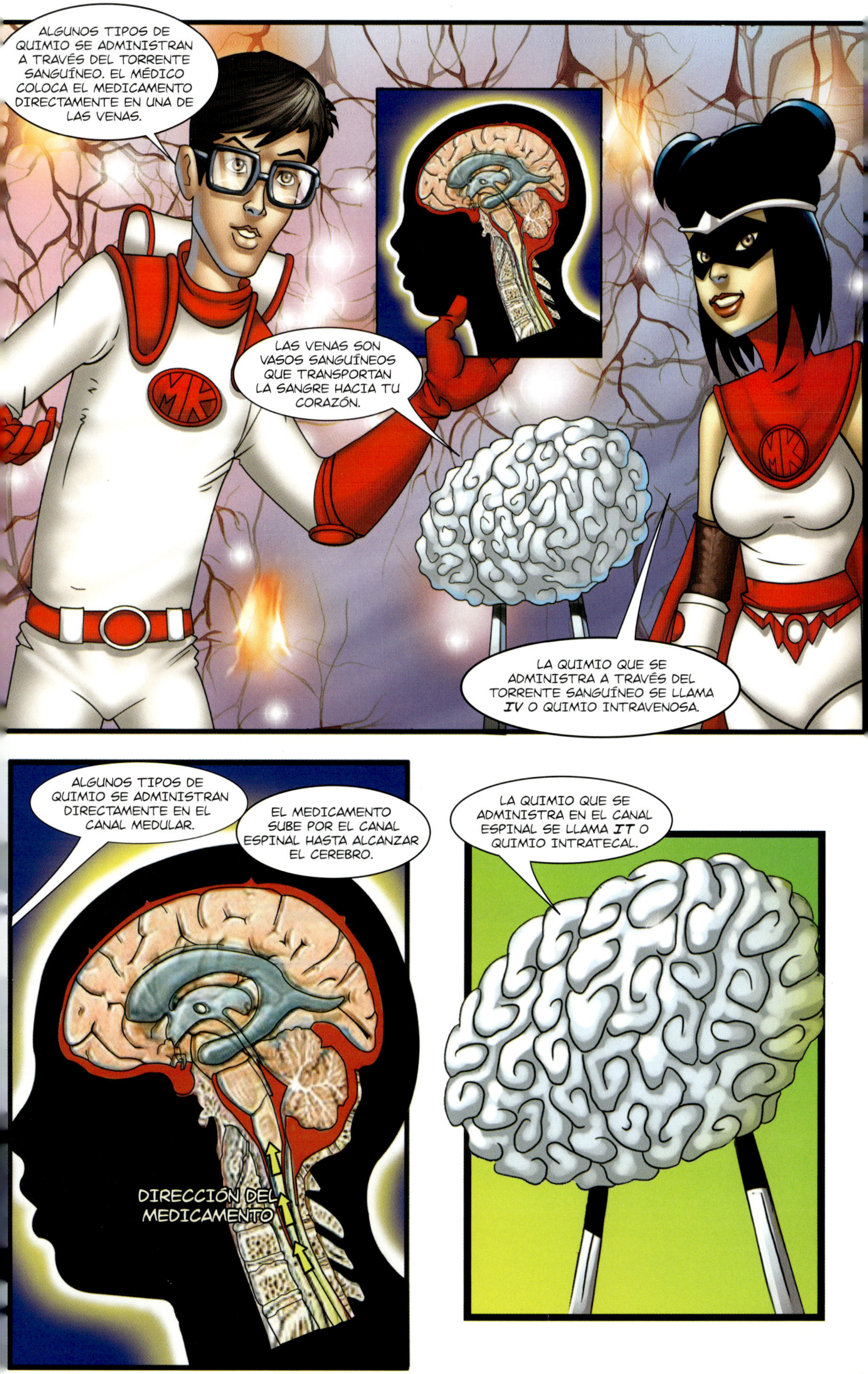
ALGUNOS TIPOS DE QUIMIO SE ADMINISTRAN A TRAVÉS DEL TORRENTE SANGUÍNEO. EL MÉDICO COLOCA EL MEDICAMENTO DIRECTAMENTE EN UNA DE LAS VENAS.
LAS VENAS SON VASOS SANGUÍNEOS QUE TRANSPORTAN LA SANGRE HACIA TU CORAZÓN.
LA QUIMIO QUE SE ADMINISTRA A TRAVÉS DEL TORRENTE SANGUÍNEO SE LLAMA *IV* O QUIMIO INTRAVENOSA.
ALGUNOS TIPOS DE QUIMIO SE ADMINISTRAN DIRECTAMENTE EN EL CANAL MEDULAR.
EL MEDICAMENTO SUBE POR EL CANAL ESPINAL HASTA ALCANZAR EL CEREBRO.
DIRECCIÓN DEL MEDICAMENTO
LA QUIMIO QUE SE ADMINISTRA EN EL CANAL ESPINAL SE LLAMA *IT* O QUIMIO INTRATECAL.

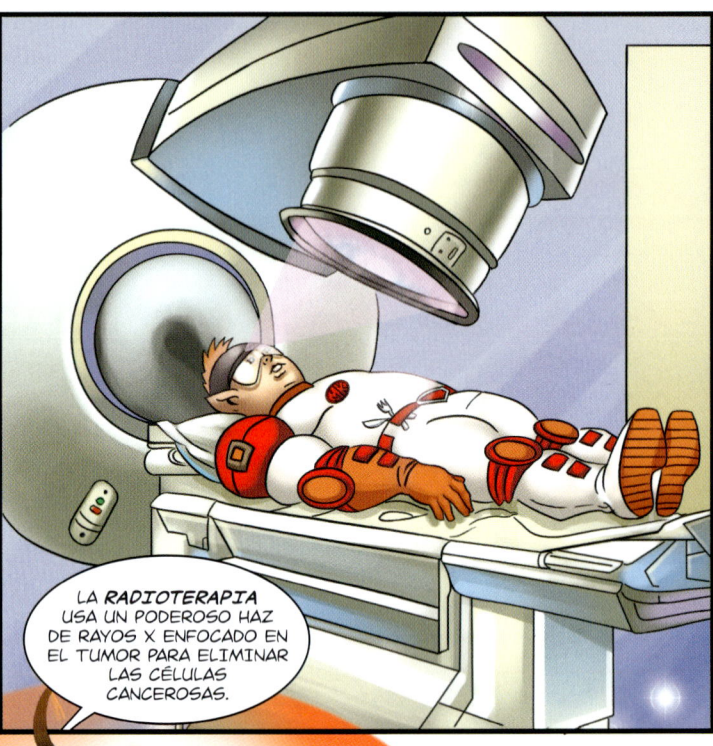

OTRA OPCIÓN QUE EL MÉDICO PODRÍA USAR ES LA **RADIOTERAPIA** PARA REDUCIR EL TAMAÑO DEL TUMOR.

LA **RADIOTERAPIA** USA UN PODEROSO HAZ DE RAYOS X ENFOCADO EN EL TUMOR PARA ELIMINAR LAS CÉLULAS CANCEROSAS.

NO HAY DONDE ESCONDERSE, AMIGO. ESTÁS SENTENCIADO.

¡QUIERO A MI MAMI!

¡ZUMMM!

EL PROCEDIMIENTO SOLO TOMA UNOS MINUTOS, PERO TIENES QUE HACERTE TRATAMIENTO CON RADIACIÓN TODOS LOS DÍAS DURANTE UNAS SEMANAS.

POR LO GENERAL, SE USA UNA MÁSCARA PARA AYUDARTE A MANTENER LA CABEZA QUIETA, ASÍ LA RADIACIÓN SOLAMENTE LLEGA A LAS CÉLULAS CANCEROSAS Y NO A LAS NEURONAS SANAS.

A VECES, LA RADIOTERAPIA SE PUEDE HACER EN UN SOLO DÍA, USANDO UN HAZ DE RAYOS X MUY **FUERTE**. A ESTE TRATAMIENTO SE LE LLAMA **RADIOCIRUGÍA**.

¡ZAS!

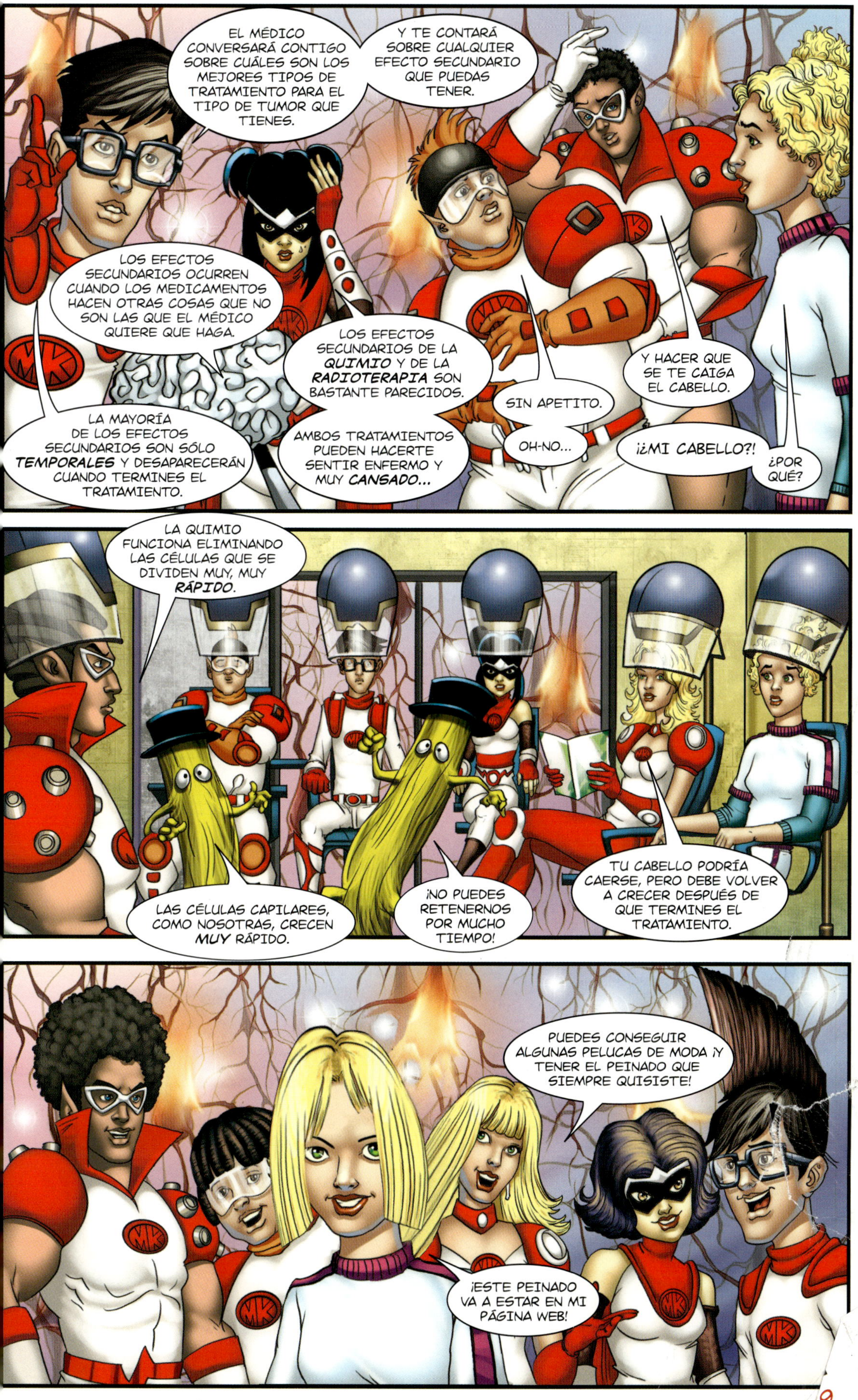

EL MÉDICO CONVERSARÁ CONTIGO SOBRE CUÁLES SON LOS MEJORES TIPOS DE TRATAMIENTO PARA EL TIPO DE TUMOR QUE TIENES.
Y TE CONTARÁ SOBRE CUALQUIER EFECTO SECUNDARIO QUE PUEDAS TENER.
LOS EFECTOS SECUNDARIOS OCURREN CUANDO LOS MEDICAMENTOS HACEN OTRAS COSAS QUE NO SON LAS QUE EL MÉDICO QUIERE QUE HAGA.
LA MAYORÍA DE LOS EFECTOS SECUNDARIOS SON SÓLO **TEMPORALES** Y DESAPARECERÁN CUANDO TERMINES EL TRATAMIENTO.
LOS EFECTOS SECUNDARIOS DE LA ***QUIMIO*** Y DE LA ***RADIOTERAPIA*** SON BASTANTE PARECIDOS.
AMBOS TRATAMIENTOS PUEDEN HACERTE SENTIR ENFERMO Y MUY ***CANSADO...***
SIN APETITO.
OH-NO...
Y HACER QUE SE TE CAIGA EL CABELLO.
¡¿MI CABELLO?!
¿POR QUÉ?
LA QUIMIO FUNCIONA ELIMINANDO LAS CÉLULAS QUE SE DIVIDEN MUY, MUY ***RÁPIDO***.
LAS CÉLULAS CAPILARES, COMO NOSOTRAS, CRECEN ***MUY*** RÁPIDO.
¡NO PUEDES RETENERNOS POR MUCHO TIEMPO!
TU CABELLO PODRÍA CAERSE, PERO DEBE VOLVER A CRECER DESPUÉS DE QUE TERMINES EL TRATAMIENTO.
PUEDES CONSEGUIR ALGUNAS PELUCAS DE MODA ¡Y TENER EL PEINADO QUE SIEMPRE QUISISTE!
¡ESTE PEINADO VA A ESTAR EN MI PÁGINA WEB!

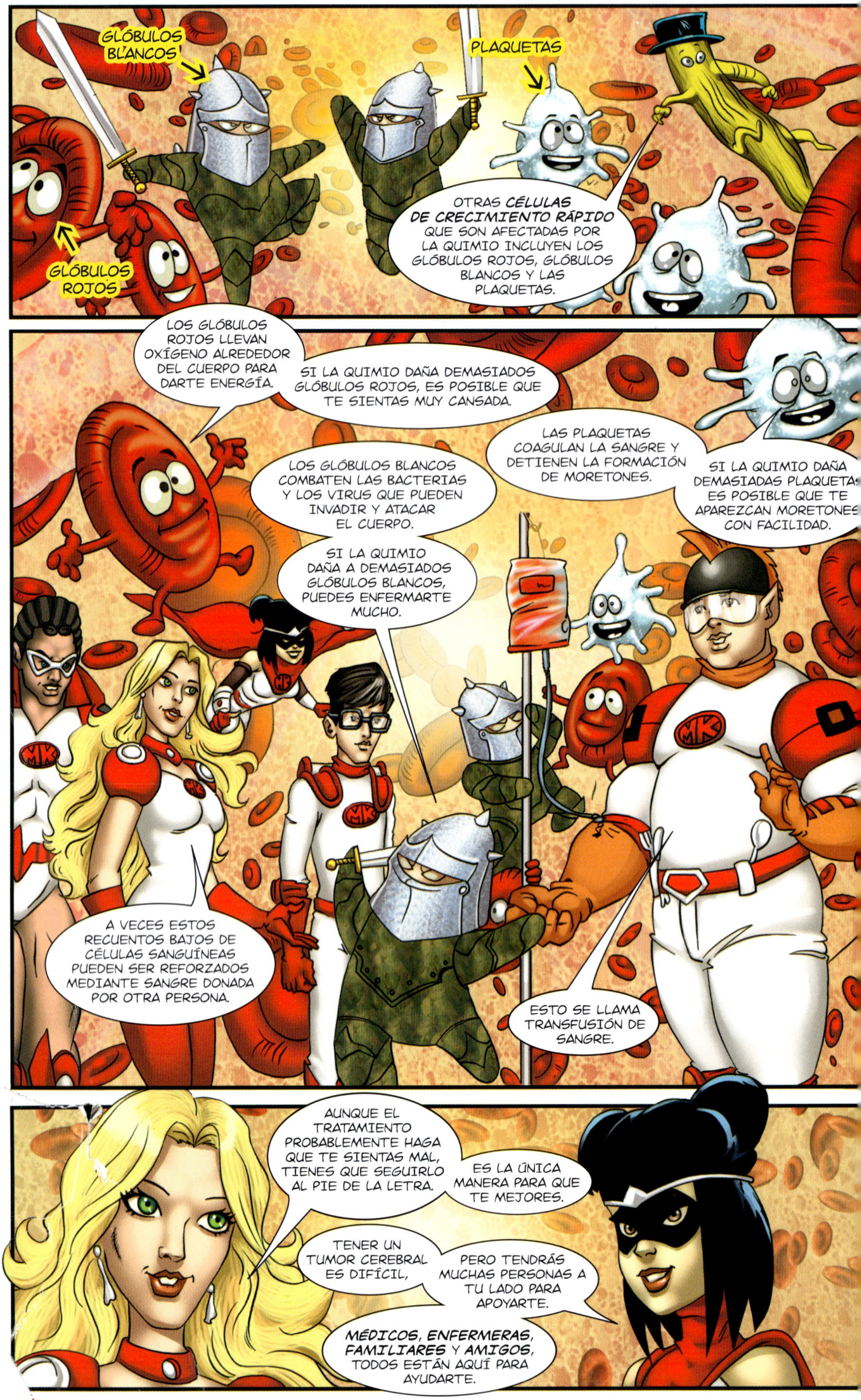
GLÓBULOS BLANCOS
PLAQUETAS
GLÓBULOS ROJOS
OTRAS *CÉLULAS DE CRECIMIENTO RÁPIDO* QUE SON AFECTADAS POR LA QUIMIO INCLUYEN LOS GLÓBULOS ROJOS, GLÓBULOS BLANCOS Y LAS PLAQUETAS.
LOS GLÓBULOS ROJOS LLEVAN OXÍGENO ALREDEDOR DEL CUERPO PARA DARTE ENERGÍA.
SI LA QUIMIO DAÑA DEMASIADOS GLÓBULOS ROJOS, ES POSIBLE QUE TE SIENTAS MUY CANSADA.
LAS PLAQUETAS COAGULAN LA SANGRE Y DETIENEN LA FORMACIÓN DE MORETONES.
SI LA QUIMIO DAÑA DEMASIADAS PLAQUETAS ES POSIBLE QUE TE APAREZCAN MORETONES CON FACILIDAD.
LOS GLÓBULOS BLANCOS COMBATEN LAS BACTERIAS Y LOS VIRUS QUE PUEDEN INVADIR Y ATACAR EL CUERPO.
SI LA QUIMIO DAÑA A DEMASIADOS GLÓBULOS BLANCOS, PUEDES ENFERMARTE MUCHO.
A VECES ESTOS RECUENTOS BAJOS DE CÉLULAS SANGUÍNEAS PUEDEN SER REFORZADOS MEDIANTE SANGRE DONADA POR OTRA PERSONA.
ESTO SE LLAMA TRANSFUSIÓN DE SANGRE.
AUNQUE EL TRATAMIENTO PROBABLEMENTE HAGA QUE TE SIENTAS MAL, TIENES QUE SEGUIRLO AL PIE DE LA LETRA.
ES LA ÚNICA MANERA PARA QUE TE MEJORES.
TENER UN TUMOR CEREBRAL ES DIFÍCIL,
PERO TENDRÁS MUCHAS PERSONAS A TU LADO PARA APOYARTE.
MÉDICOS, ENFERMERAS, FAMILIARES Y ***AMIGOS,*** TODOS ESTÁN AQUÍ PARA AYUDARTE.

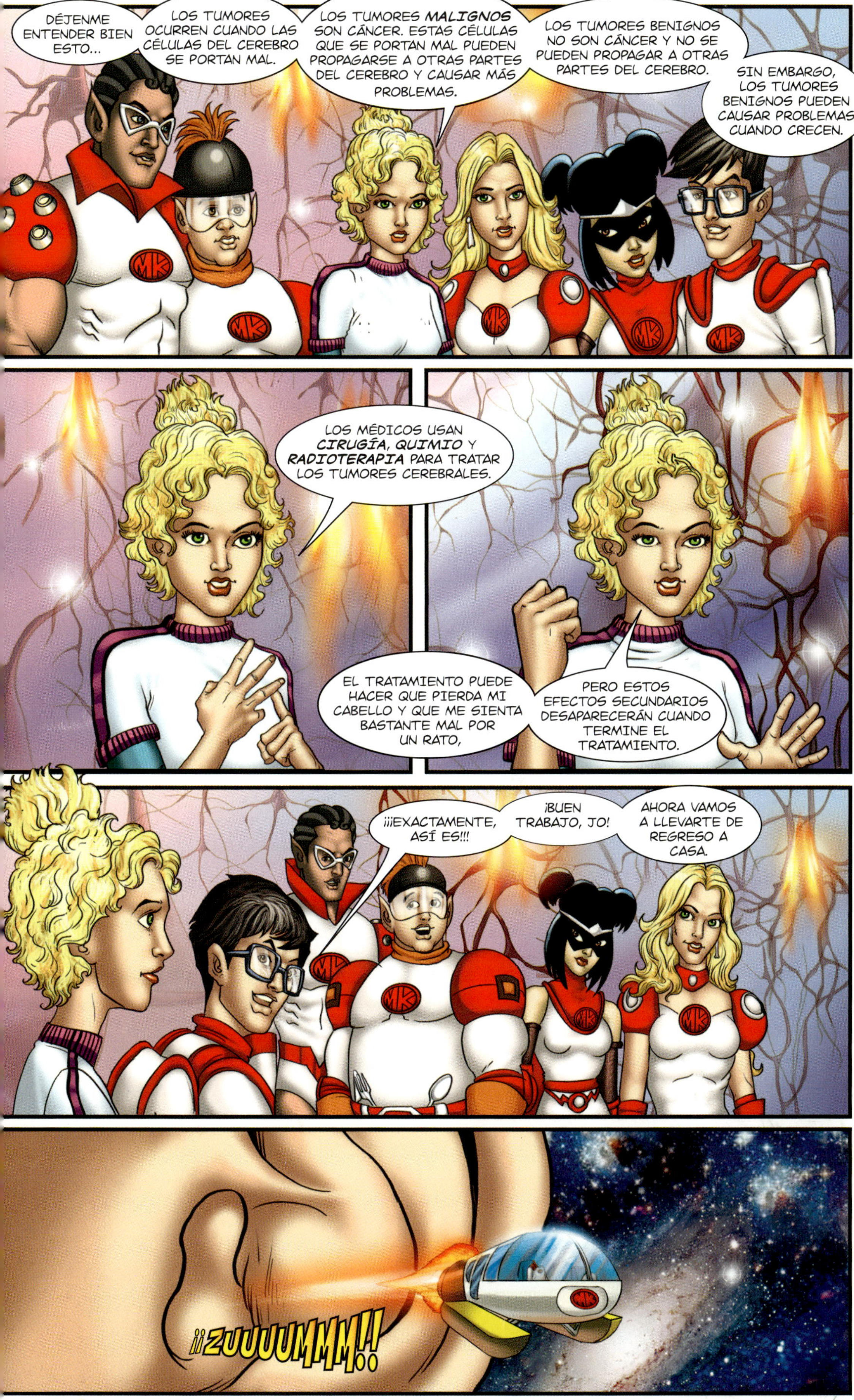
DÉJENME ENTENDER BIEN ESTO...
LOS TUMORES OCURREN CUANDO LAS CÉLULAS DEL CEREBRO SE PORTAN MAL.
LOS TUMORES **MALIGNOS** SON CÁNCER. ESTAS CÉLULAS QUE SE PORTAN MAL PUEDEN PROPAGARSE A OTRAS PARTES DEL CEREBRO Y CAUSAR MÁS PROBLEMAS.
LOS TUMORES BENIGNOS NO SON CÁNCER Y NO SE PUEDEN PROPAGAR A OTRAS PARTES DEL CEREBRO.
SIN EMBARGO, LOS TUMORES BENIGNOS PUEDEN CAUSAR PROBLEMAS CUANDO CRECEN.
LOS MÉDICOS USAN **CIRUGÍA, QUIMIO** Y **RADIOTERAPIA** PARA TRATAR LOS TUMORES CEREBRALES.
EL TRATAMIENTO PUEDE HACER QUE PIERDA MI CABELLO Y QUE ME SIENTA BASTANTE MAL POR UN RATO,
PERO ESTOS EFECTOS SECUNDARIOS DESAPARECERÁN CUANDO TERMINE EL TRATAMIENTO.
¡¡¡EXACTAMENTE, ASÍ ES!!!
¡BUEN TRABAJO, JO!
AHORA VAMOS A LLEVARTE DE REGRESO A CASA.
¡¡ZUUUUMMM!!

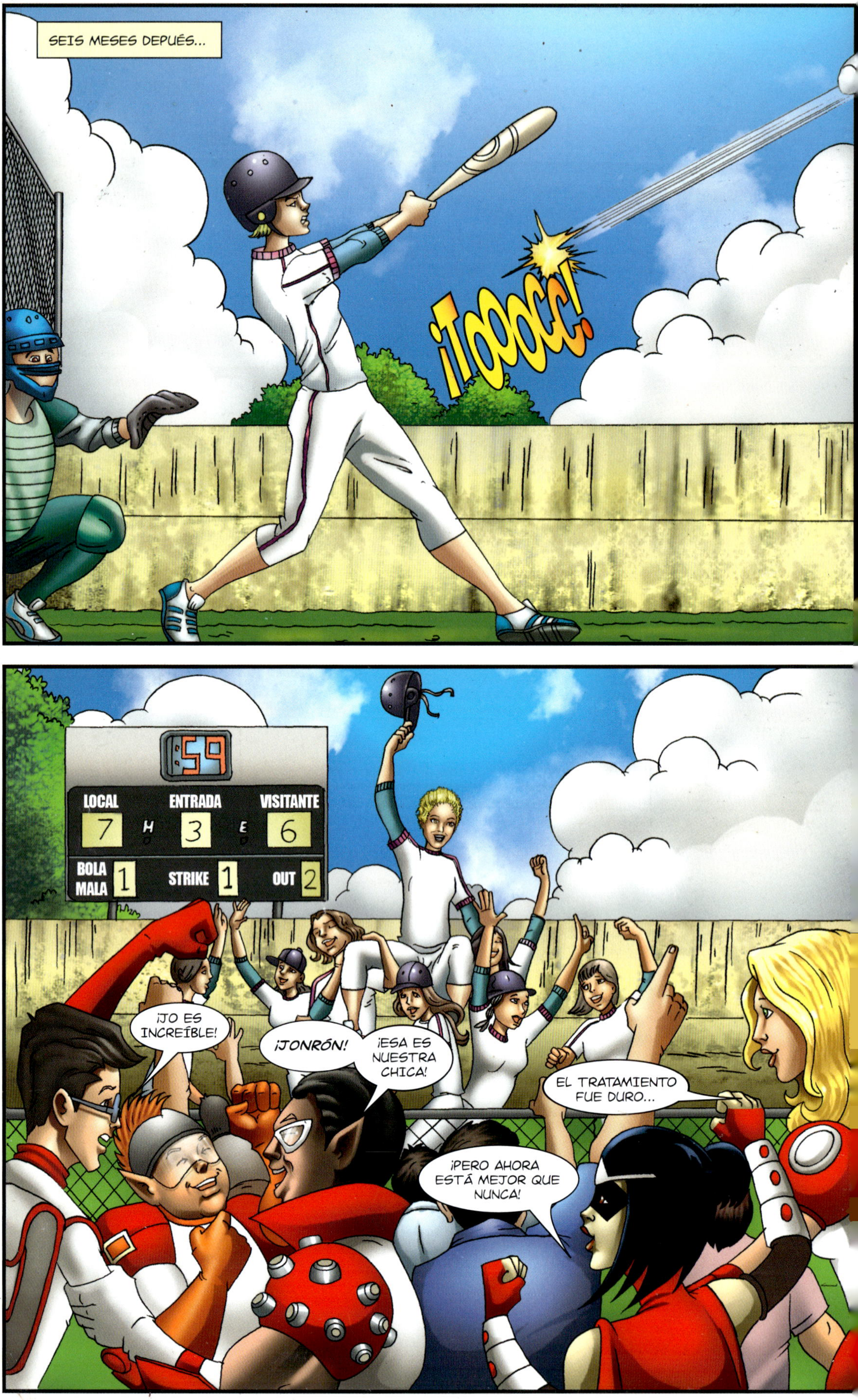
SEIS MESES DEPUÉS...
¡TOOOCC!
59
LOCAL
ENTRADA
VISITANTE
7
3
6
BOLA MALA
1
STRIKE
1
OUT
2
¡JO ES INCREÍBLE!
¡JONRÓN!
¡ESA ES NUESTRA CHICA!
EL TRATAMIENTO FUE DURO...
¡PERO AHORA ESTÁ MEJOR QUE NUNCA!